团队成员 （按贡献程度排）

饶冬娣　孙晓陈　叶　军　高　森　孙　颖　宋小飞　傅　宁

和趣

丛书主编

徐来潮　沈　旦　肖龙海

湖州四中科学团队

编著

Harmony
Symbiosis
educational Research

和合共生
教育研究丛书

科学

ZHEJIANG UNIVERSITY PRESS
浙江大学出版社

图书在版编目（CIP）数据

和趣科学 / 湖州四中科学团队编著. -- 杭州 ：
浙江大学出版社，2021.10
　　ISBN 978-7-308-21575-6

　　Ⅰ．①和… Ⅱ．①湖… Ⅲ．①科学知识－教学研究－
中学 Ⅳ．①G633.72

　　中国版本图书馆CIP数据核字（2021）第136562号

和趣科学

湖州四中科学团队　编著

责任编辑	马一萍
责任校对	陈逸行
封面设计	米　兰
出版发行	浙江大学出版社
	（杭州市天目山路148号　　邮政编码　310007）
	（网址：http://www.zjupress.com）
排　　版	杭州林智广告有限公司
印　　刷	杭州良诸印刷有限公司
开　　本	710mm×1000mm　1/16
印　　张	12.75
字　　数	198千
版 印 次	2021年10月第1版　2021年10月第1次印刷
书　　号	ISBN 978-7-308-21575-6
定　　价	52.00元

前　言

　　第32届夏季奥林匹克运动会开幕前夕，国际奥委会表决通过了"巴赫议案"，将"更团结"写入奥林匹克宣言。我们耳熟能详的"更快、更高、更强"之后，又多了一个"更团结"！这一变化，意义深远。全世界的人们以"奥林匹克"之名，经由"更快、更高、更强"，抵达"更团结"。国际奥委会主席巴赫指出："当前，我们更加需要团结一致，这不仅是为了应对新冠疫情，更是为了应对我们面临的巨大挑战。当今世界彼此依靠，单靠个体已经无法解决这些挑战。"在这个不确定的新时代，我们需要更加团结，团结意味着尊重和平等，也意味着帮助、分享、关怀；团结才能使我们变得更强大，世界才能变得更加美好。

　　第41届联合国教科文组织大会发布了"教育的未来"倡议。作为"教育的未来"倡议的背景资料，联合国教科文组织专家研究发布《学会融入世界：为了未来生存的教育》报告，提出未来教育宣言，勾勒2050年后的教育轮廓。宣言呼吁，教育必须发挥关键作用，从根本上改变人类在世界中的地位和作用，从了解世界到采取行动，再到与周围的世界融为一体，实现教育范式的根本转变。

　　我们围绕着相互依存和相互联系的原则重新调整了教育，使每个人和每件事都成为地球生态社区的一部分。现在我们教育实践的特点是对"他者"开放——无论是其他人类，还是半机械人（cyborgs）和机器；建构全新生态立场，"欢迎惊喜，接纳希望，建立联系，容忍共存，并为新事物提供关怀"。学会与世界融为一体是一种情境实践，也是一种超越人类的教学合作。我们正满怀热情地与我们共处同一世界的人一起学习，作为共同改造世界的一种模式。

　　和合共生，协同共进。世纪之交，徐来潮开始担任湖州四中校长，20余年来一直追梦在路上的他，站得更高、看得更远、格局更大，始终牢记育人的初心使命，坚持不懈实干创造美好未来：努力建成新时代学园、乐园和家园；聚焦生态社区，培养适应 21 世纪的时代新人，铸就属于"四中人"的独特教育文化品牌与文化标识。从教育生态系统到群体、个体，竞争长久存在并有可能导致优胜劣汰，但对教育生态系统而言，协同进化将永远是主流。"和合共生"成为徐来潮校长办学的核心理念与文化符号，从相互竞争到协同进化，建立管理者、教育者、受教育者以及社区人员广泛一致的共同愿景；从学校教育教学实际出发，推进"和合"文化建设，以"合心"突出内涵基础建设，以"合力"凸显人才培养，以"和美"打造浓厚氛围，引领校风师风学风建设，优化学校育人生态环境系统，以自然、和谐、开放、合作为基本遵循，全方位实现学校、社区与主体人的互融共进、共创共享、教学相长。

团队，用价值提升价值。人心齐，泰山移。团队文化的本质是人心向背，是人的思想观念，所以抓住"人"这个主题，以人为本，就是抓住了学校优秀团队文化建设的关键。每个人——教师、学生抑或家长融入团队，既为团队发展出谋划策、贡献思想与才智，又享受、获得群体智慧给予的启迪，和合共生成为学校优秀团队文化建设的风向标。"和谐"是一种状态、一种形式、一种外在的体现，是一个团队发挥最大价值的最有力保障；而能构建起和谐状态的内在框架则是一种动态的文化——"合作"。学校优秀团队文化的建设以"合"为本，以"和"为形，贯穿始终，最终走向"和合共生"的理想境界。

每一个团队成员成长的过程，都是在一定的社会文化环境里、在合作互动和资源共享的基础上形成整体学习合力，通过观摩和研讨、相互取长补短，在协作共享与反思对话的过程中实现对知识与人格的双向建构，呈现出从自我建构到共同建构再到自我重新建构的螺旋式上升的心理发展过程。这种浓浓的团队氛围随着时间的流逝，逐渐演变成一种文化传统，这种传统就像烙印一样烙在团队的每一个成员身上，成为一种识别不同团队的特殊印记和符号，并通过不断传承而生生不息。和合共生，已经成为学校优秀团队的文化基因、文化标识、文化符号。

和合共生，发展抱团行走的团队。教师发展学校，这是教育常识。单靠某个名师、某个学科、某个方面的成功，是难以支撑一所学校（集团）的成功，一所学校的健康发展必须依靠协同合作的优秀教师团队。和合共生的学校文化，融入学校教研组、年级组，甚至是备课组建设过程，发展出一个个合作程度、协同工作水平高，责任心强的优秀团队，这就决定了学校整体教育教学质量水平高、品质优、品牌响、口碑好。

有人说，一个人的成长有没有受到好的家风熏陶，是完全不一样的。有什么样的家风，往往就有什么样的价值观、生活观。对于不少人来说，家风甚至影响和决定了一生。

正因为有了组内伙伴们的陪伴，才有了教学生涯中的每一个第一次的顺利过渡，才有了后来更多的展示课，更多的业务比赛，更多的初三教学。随着笨小鸭一天天慢慢成长，集体从一个虚空无形的概念慢慢地变成一个有血有肉的真实存在。教研组的各种建设制度是这个集体的骨架，为组内各位成员认同的精神风貌、道德品质、整体气质和行为实践铸就了集体的灵魂，即社政组的风气，也就是我们的"家风"。

良好的家风不一定要写成语录或训诫，它其实就是社会老师所特有的、长期积累下来的习惯和气质。如果多观察、多体会，会发现良好的风气就在生活的每一个细节。据我这几年的观察，若让我概括我们组最让我动容的气质就是——公心。在一个团队里，组员之间是竞争者，每个人既是竞争者，又是合作者，只有当公心大于私心时，团队才能实现良性循环。①

上述成长手记，从一个侧面反映了学校重视与加强教师团队文化建设的过程，体现出教师优秀团队文化建设的成效，印证了学校倡导和合共生、打造优秀教师团队的精髓：成功靠自己，完美靠合作。

和合共生，凝练学科教学改革特色。和合共生教育研究丛书第一辑推出的

---

① 徐来潮：《和合共生：打造学校优秀团队文化》，北京：科学山版社，2017 年，第 102-103 页。

三本书——《和润德育》《和悦英语》《和趣科学》，就是在学校和合共生文化理念背景下，学科团队形成与发展的"和心""合力""和美"的教育教学实践探究结果。

《和润德育》是在学校"和合"文化基础上，面对学校的德育工作现状，倡导在和气、和谐中实施德育教育，在学生个体与他人、个体与社会、个体与自我之间，保存差异的基础上，通过不断求同存异、协同共进、扬长避短，从而真正实现共存、共进、共赢、共荣的目标。学校文化既是学校特色的内容和表现形式，又是和润特色涵养的氛围和环境。团队文化建设就是把个性各异的学生包容一起，不求相同但求相融，不求共同但求共享，不求一致但求和谐，建立一种虽有不同但相互认同，亦即"和而不同"的价值目标体系。团队精神是核心文化。换位思考，共同承担，相互尊重，开放合作，真诚关怀是基本行为方式。一课一润：学科渗透；一路有思：课程开发；一室芝兰：班级建设；一校有品：文化渗透；一木成林：活动渗透；一带生风：育人体系；一班之任：班导体系。这些是《和润德育》一书探讨的主要内容。

《和悦英语》基于对英语学科"育人价值"的深入拓展，在学校"和合共生"理念的引领下，为满足学生身心成长和健康发展的需求，英语教研组提出"和悦英语"教学活动观，即以"阅·悦·越"为英语教学活动的精神文化标识，融合课程知识与师生生命共同体，构建从英语学习体验中获得知识技能技巧、积极情感体验、心灵感悟慰藉和高阶思维发展的有效课堂，促使师生教学相长、共同成长进步，促进英语学科实践、学生发展核心素养落地，形成英语学科特色教研、教学与科研文化。"阅·悦·越"体现了英语学科教学特点，信息获取、梳理加工、整合内化、表达交流、创新迁移等活动指向明确，并积极促进英语学科学生发展核心素养的形成和提升。"和悦英语"主要探讨"阅"之基础、"悦"以成长、"越"至飞翔等英语学科教学理论与实践问题。

《和趣科学》基于现阶段义务教育教学改革要求和学生核心素养发展的需要，以学校"和合共生"育人理念为背景，不断传承与创新，逐步形成了自己学科教学的团队文化——"和趣"科学。"和"是学校的"和合共生"文化，即和谐、合作、合力以及和而不同，是打造"和趣"教研文化的保障；"趣"是科学教学的目标，指向教学的乐趣、学生学习的兴趣以及学生核心素养的发展，是"和趣"教研文化的最终指向。结合科学学科的趣味性、思维性和探究性，教研组通过打造和趣团队、构建和趣课堂、搭建网络学习平台以及开发实施和趣课程等四大途径，创设"和谐、趣味、和合共生"的教学、教研与科研氛围，以教学的趣味性来激发学生的学习兴趣，发展学生的高阶思维，培养学生的创新精神与实践能力，进而提高学生的科学素养。真正将"教科学"转变为趣学、乐学科学，提升学生科学素养，形成与发展学校科学学科特色教研文化。

《和趣科学》与同类书籍相比，它不仅有"和合共生"文化理念指导，同时它的案例部分更加丰富和生动，呈现出一个教研组教学、教研与科研的常态，为中小学校教研组的教学、教研、科研工作提供有价值的参考。学校科学教研组在教学、教研、科研的改革过程中形成的品牌——"和趣"科学，在几年内迅速发展成为区域内最具影响力的教研团队，教研组研修案例全省推广，2019年被评为"浙江省先进教研组"。

和合共生，建设协作对话教育生态。和合共生教育研究丛书由徐来潮书记、沈旦校长、肖龙海教授主编，第一辑三本书由学校德育、英语、科学学科团队合作撰写。浙江大学教育学院肖龙海教授为本项目研究与实践提供理论支持，并参与指导实践推进过程。浙江大学教育学院副院长孙元涛教授，浙江大学人文学院副院长、教育部青年长江学者王俊教授，参与指导"和合共生"理论与实践研究工作，并对书稿撰写提供具体指导框架与意见。"和合共生"教育研究项目的提出、生成与不断推进与发展，是大学—中学伙伴合作、理论与实践相结合的又一次成功实践范例。浙江大学教育学院盛群力教授、刘徽副教授，浙江大学心理学系杨宏飞副教授；华东师范大学教育学系宁本涛教授；华中师范大学教育学院陈佑清教授、郭元祥教授；浙江省教育厅教研室副主任张丰，浙江省教育厅教育评价部副主任沈启正；杭州市教育局教研室主任曹宝龙，西湖区保俶塔实验学校特级教师张英飞，西湖区教育研究院特约研究员胡美如，下城区景城实验学校副校长周慧，滨江区教育研究院特级教师陈忠文；宁波市江东区教研室特级教师潘小梅；湖州市教科研中心初中科学教研员汪永泰，吴兴区教育局研训中心副主任、初中科学教研员侯小英等一大批高等院校知名专家学者、杭州与宁波一大批知名特级教师与高级教师，或在杭州或在学校现场，为学校教师的专业发展贡献了宝贵的思想、智慧与成功经验，如果说，湖州四中教育集团教师在专业发展上站在了一个新的高点、进入了一个新的发展阶段，这些高等院校的专家学者、一线名师劳苦功高。我们不仅要为我们自己的努力鼓掌，更要为他们的大力支持与付出鼓掌、点赞！和谐对话、协同共进，共创共享共赢美好未来！

我们还要特别感谢浙江大学出版社吴伟伟编辑，她对这套丛书的出版给予了热情鼓励、大力支持并付出了辛苦的编辑工作；湖州市吴兴区教育局有关领导，以及其他许许多多没有一一提及的有关人士，对于大家的支持与关心，在此，一并致以衷心地感谢。

由于时间以及我们的经验、水平所限，书中纰漏不当之处在所难免，请广大读者不吝批评指正。

肖龙海

2021 年 8 月

目录

CONTENTS

第一章

何以生趣——"和"以生趣

第一节 "和趣"科学的孕育

一、着眼素养发展的需要

2014 年教育部印发《关于全面深化课程改革 落实立德树人根本任务的意见》，指出"教育部将组织研究提出各学段学生发展核心素养体系，明确学生应具备的适应终身发展和社会发展需要的必备品格和关键能力"。

要培养能胜任 21 世纪社会需要的人才，就必须了解未来社会工作需要哪些技能。"美国就业家庭企业之声""21 世纪联盟组织"和"美国人力资源管理学会"共同调查了美国 400 多名雇主，认为 21 世纪人才需要四种关键技能：创造能力（creativity）、沟通能力（communication）、协作能力（collaboration）、批判性思辨及问题解决能力（critical thinking and problem solving），而这些也正是学生核心素养发展的关键。所谓核心素养，是指学生应具备的、能够适应终身发展和社会发展需要的必备品质和关键能力，由文化基础、自主发展和社会参与三部分组成。文化基础部分涵盖了人文底蕴和科学精神两大块，自主发展包括学会学习和健康生活，社会参与包括责任担当和实践创新。核心素养是学生知识、技能、情感、态度、价值观等多方面要求的综合表现，是每一名学生获得成功生活、适应个人终身发展和社会发展需要的、不可或缺的共同素养，包括学生在学校不同学习阶段逐渐形成的关键能力、观念、品格，具有普适性与迁移性。

科学素养是核心素养的一部分。陕西师范大学教师教育学院教授胡卫平认为，科学素养是学生在接受科学教育过程中逐步形成的适应个人终身发展和社会发展需要的必备品格，是学生通过科学学习内化的带有科学学科特性的品质，是科学学科育人价值的集中体现。学生以科学的眼光看待这个世界，科学合理地解释生活中的现象，具有正确的科学观，是学生科学素养的具体表现。科学素养应该面向科学兴趣、方法、知识和精神，适应不断变化的社会需求。

现阶段学生的科学素养整体情况又是怎样的呢？总体说来，初中学生的科学素养已有一定的发展，但基础参差不齐，仍有继续提高的空间。具体而言，学生对事物的定性认知能力强于对事物的定量认识，对文字的敏感性强于对数字的敏感性，对具体事物的把握强于对抽象方法的把握，陈述科技知识的能力强于应用科技知识的能力。其中，运用科学技术知识和科学探究方法的能力尤需进一步加强。

综合世界各国在促进本国科学素养教育过程中的做法，科学素养教育涉及的渠道很多，其中很重要的一条为：通过学科教学及科技活动，加强对学生科学方法和科学精神的培养。具体表现为：使学生获得基本科学知识，形成科学基本能力，具有科学基本价值取向这三个方面的内容。

科学教学的维度在扩增、要求在不断提高，科学教学的方向要符合科学素养培养的需要。科学教学承担着学校学生科学素养的提升工作，不论是常规的课堂授课还是课后的拓展性发展，应始终秉承以学生为本的理念，制定符合学生需求的发展策略并加以具体实施。了解学生的情况成了现阶段精准提升的关键因素。那么，怎样才能真正将"教科学"转变为"科学素养提升的教育"，从而真正面向全体学生实现整体科学素养的提升，这是教师不断前行的方向。

二、初中科学学科的特点

（一）从生活中来，到生活中去

科学是一门"从生活中来，到生活中去"的学科，是研究科学现象和科学规律的一门学科。科学的内容是丰富、生动、鲜活的，科学课堂教学联系生活具有绝对的优势和丰富的价值。科学课程要求学生学会观察现象，从生活中获得知识，结合生活实际来思考科学问题，这样有助于学生思维的发展。教材中的许多内容是从学生感兴趣的现象入手，然后引导学生提出问题，逐步探究其科学本质。这就要求教师在教学实践中"课堂导入聚焦生活"，"课堂学习连接生活"，"课堂结束回归生活"，主张通过师生互动、小组讨论、实验探究、举例说明、精彩展示等多种方法，建立教学内容与学生生活之间的连接，解决学生在生活中遇到的一些困惑，帮助学生进行生活及社会活动的决策等，把中国学生发展的六大核心素养作为科学课堂生活化教学的最终目标。

（二）实验是重要阵地

科学是一门以实验为基础的学科。精心设计实验，让学生通过实验来验证理论或观点。实验是初中科学教学的关键。

实验能激发学生的学习兴趣。"兴趣是最好的老师"，兴趣爱好和求知欲是学生获得知识、提高技能的前提。初中的科学教育更应着重培养学生的兴趣，有兴趣学生才愿意去学，才愿意去探究，而科学课上的实验则是引导学生热爱科学的有效途径之一。实验还可以活跃课堂气氛，改变学生上课的厌倦感，激发学生的学习兴趣，使学生积极主动、心情愉快地进行学习。

实验能培养学生的综合能力，例如观察能力。古人云："善察者，见常人所未见；不善者，入宝山而空手归。"在科学实验教学中，不仅要培养学生的观察能力、动手操作的能力，还要培养思维能力和表达能力等。

实验能培养学生的创新精神。科学的发现始于疑问，而发现问题正是创新的开端。上实验课，学生动手做实验，教师应启发学生自己发现问题，提出问题，从而激发创新意识。

（三）初中科学是一门综合性的课程

科学课程力图超越学科的界限，统筹设计，整体规划，强调各学科领域知识的相互渗透和联系整合，并通过四方面体现课程的综合性：第一，注重自然科学中的统一概念和原理，引导学生认识自然界的内在统一性。第二，将课程内容整合为"科学探究""生命科学""物质科学""地球和宇宙""科学、技术、社会、环境"五个部分，对每个部分内容的设计也进行一定的整合，帮助学生从整体上认识自然和科学，建立良好的认知结构。第三，对学生科学探究能力培养做总体安排，使学生得到系统的科学方法的训练。第四，通过若干具有综合性的当代重大课题，引导学生关注、分析与科学、技术有关的现实问题。

（四）科学探究是重要方法

科学探究包括科学探究活动和科学探究技能，科学探究活动可以提高学生对某个事物、某种现象的认识，科学探究技能可以帮助学生解决生活中遇到的一些问题。体现科学探究的精神，是科学教育面向未来的必然要求，不仅可以使学生更深刻地理解科学知识，更好地掌握科学方法，而且能使学生亲身体会科学精神的实质，培养科学的情感、态度和价值观，从而更有效地提高科学素养。让学生在学习科学知识的同时经历科学探究的过程，如通过观察与思考提出问题，通过动手、动脑、合作交流等途径解决问题，不仅符合学生的认知特点，而且对他们的长远发展有重要意义。

在教材内容的呈现方面，强调培养学生的科学探究能力，注重从学生熟悉的事物出发，设计学生喜爱的活动，提倡用自制教具进行探究活动，将课内与课外、校内与校外的探究活动结合起来，努力开发并鼓励学生参与开发各种层次的、小型的探究课题。探究是一种多层面、多形式的活动，无论何种形式，关键都是体现科学探究的思想和基本特征。

三、响应课程改革的要求

长期以来，以知识为本的教学严重地阻碍学生能力的形成以及思维、品格、价值观的发展，已成为羁绊深化课程改革的枷锁。以知识为本的课堂教学是以人为本教育理念的"拦路虎"，审视当前的科学基础课程教学模式，发现有着不可回避的问题阻碍着教学的发展。在知识为先的程式化课堂中，许多老师把自己演绎成课堂的拥有者，学生参与感弱。讲授是最简单最直接又最具有把控性的教学方式，但是有一点，它不是最有效的方式。学生完整人格的形成是一个长期的过程，课堂对于学生个体的忽视较为严重。这里的忽视首先指对部分后进生的忽视。在"应试"乌云的笼罩下，只服务于成绩靠前的学生而不管后面的学生的现象时有发生，这是与课改要求相违背的。其次是对学生发展规律的忽视。课堂逻辑混乱，不设疑，不探究，不追问，强记成为主要方式，考试成为主要手段；教师成为知识的传授者，并不参与学生的内在品格形成，与学生没有感情。因此，寻找打开羁绊基础教育枷锁的钥匙，成为每位科学教育工作者的历史担当，把课堂还给学生不应该只是一句口号，应该是每位教师的教育自觉。

新课程倡导新的学习方式，以自主、合作和探究为主，而教师也更多地成为学习情境的创设者、组织者和学生学习活动的参与者、促进者。教师应遵循学生发展的需要和状况来设计课堂教学，而不是请学生按照事先设计好的教学过程参加学习。教师的教是为了更好地促进学生的学，这将同时带来一个更为民主、平等的师生关系。

课程改革理念包括面向全体学生，立足学生发展，突出科学探究，体现课程综合化，反映当代科学成果。新课程改革提出教育的根本目的是每位学生的发展，关注学生在课堂教学中的表现应成为课堂教学评价的主要内容，包括学生在课堂互动、自主学习、同伴合作中的行为表现，参与热情，情感体验和探究、思考的过程等，即关注学生是怎么学的。了解学生在课堂上讨论、交流、合作、思考、获得结论及其过程等行为表现，评价课堂教学的成败，既是关注教师的行为，也是按照教师促进学生的学习，如教师如何组织并促进学生讨论、教师如何评价和激励学生的学习、教师如何激发学生学习的热情和探究的兴趣等。

新的课程改革要求学生进行有思维的学习，要求必须通过学生积极主动地思考发展学生的思维能力，其核心思想是"教学的核心是思维，学生的学习是需要思维"。它的目标指向核心素养，具体包括批判性思维能力与创造性思维能力的培养。新的课程改革还要求学生进行深度学习，正如课标中凡是提到"做中学"的地方就一定有"学中思"，动手仅仅是操作，没有思维是不够的，达不到深层学习。思维型教学可使学生实现深层学习，适用于所有培养人才的活动和学科，并且能够融合各种教学方法。例如，深层学习对科学探究有三个方面的要求：一是学习方式上，从自主探究到强调在自主基础上的合作探究学习；二是学习结果上，从探究技能的获取到强调对科学知识、科学本质及探究过程的理解；三是教学视角上，从科学探究扩展为科学实践，强调实践与学科核心思想与跨学科概念的整合。

四、学校"和合"文化的浸润

瑞士心理学家荣格认为"文化的最后形态是人格"，美国政治家丹尼尔·帕特里克·莫伊尼汉指出："对于一个社会的成功起决定作用的，是文化，而不是政治。"文化是一个国家、一个民族的灵魂，"文化自信，是更基础、更广泛、更深厚的自信"。团队文化是团队成员思想和心态的高度整合，其实质是一种力量，是通过共同的信仰、一致的行动、共有的价值观念等凝聚起来的一种合力，有助于推动团队的有效运作和发展。团队文化整体上有以下作用：分界线的作用；加强成员间的认同感，增强团队的凝聚力；引导和塑造成员的态度和行为等。团队文化的塑造应遵循共生原则、协作原则和创新原则。公正公平公开的内部环境是团队文化形成的基础，信任的协作是精髓，团队的向心力和凝聚力是追求的最高境界。

学校团队文化是学校团队的愿景、价值观、管理信条、团队意识、规范、作风的凝练,集中表现为士气、协作、专注、开拓、创新、服务、奉献、卓越精神等。对学校团队来说,学校团队文化是灵魂。学校团队之所以成为不同类型的团队,主要区分特征就是团队所拥有的各自不同的文化蕴含,其决定了团队的目标、行为方式和成就,彰显了新时代的灵魂,也是学校"强起来"的精神源泉、精神武器和精神脊梁,因此,打造学校团队文化的意义可见一斑。"新时代学校文化重构"顺应了新时代对教育"强起来"的要求。

湖州市第四中学教育集团在打造团队文化的历程中,提出了"团队,用价值提升价值"。经过这些年的发展,团队文化逐步完善升级,"和合共生"的全新团队文化应运而生。

"和合共生"语出《管子》《国语》经典传统文化,"和"为和谐、和睦、和美,"合"则为合作、合心、合力,"共生"便是相互依存、共同发展。"和合共生"就是在和谐的环境、氛围中,彼此相互合作、同心合力、共同发展。进入现代以来,我们赋予"和合共生"新的解释,使之具有时代意义,并于教学中不断进行"和合共生"理念的实践和探索。

湖州市第四中学教育集团打造的"和合共生"文化已经具备完善的结构,基于"和合"内涵,结合学校自身特点,形成了特有的团队文化。经过两年多不断尝试和反复实践,学校逐步形成"和合共生"的校园文化集合,打造了"和"文化的延伸品牌,包括"和润"德育、"和合"党建以及"和卓"教学(见图1-1)三大领域。以"和卓"教学为例,各大教研组在实践创新过程中,逐步形成了"和雅"语文、"和思"数学、"和悦"英语、"和趣"科学、"和辨"社会、"和融"技能以及"和健"体育等学科教研文化,并通过"青蓝杯"等特色活动培养"和锐"青年教师团队,用"和合共生"文化理念推动学校高位发展,从"和"而不同走向"和"而卓越。

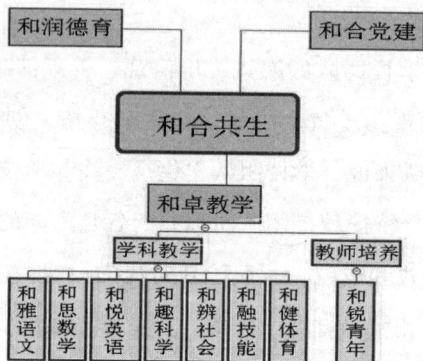

图 1-1 "和合共生"校园文化

正是基于学生素养发展的需要、课程改革的要求、科学学科的特点以及学校"和合"文化的影响,"和趣"科学的形成成了一种必然的趋势。"和合共生"结合科学学科的趣味性和思维性,打造"和趣"科学,便成了科学教学改革切实可行的发展方向。通过课程的开发、课堂教学的改进、活动的拓展等,创设"和谐、趣味、合作共生"的教学氛围,从而实现"和而不同""和以生优""和而卓越"的文化大繁荣,让学生在热爱科学的基础上提升科学素养,并在此过程中实现师生共同成长、进步。

第二节 "和趣"科学的内涵

一、"和"——和合共生

"和"即是学校的"和合共生"文化。科学教研组延续并充实学校"和合"文化的理念，使之成为学校文化结构的组成和细化，从学科角度具体解释了"和"的内涵。教研组是学校这个大团队中的一分子，学校"和合"文化对于教研组有着指导意义。在整体的文化内涵中，教研组积极寻找具有自我文化印记的方向，实现"和"而不同、"和"而卓越。

具体而言，"和"主要分为两个方面：首先是人"和"，其次是学科之"和"。

（一）人之"和"

在人"和"方面，组内教师同舟共济，形成了教师之"和"。例如，在教研组人才流失、青黄不接的境况下，组内几位名师带头实践了学校的"导师制"培新模式，担任科学学科组导师，在"传、帮、带"的作用下，辅助青年教师发展和成长。年轻的老师们"抱团行走"，教研组内的几位青年教师开创了"组长团"工作模式。这是一个智能团，遇到事情他们群策群力，展现团队智慧。渐渐地，"组长团"也成为教研组内青年教师自我发展和提升的摇篮，一大批青年教师通过"组长团"这个平台迅速成长为青年骨干教师。好的团队文化是完成挑战的保障。在科学组团队中，团队合作的文化是深入人心的。对于公开课的开设、课题的研究、校本资源库的建立、课程的开发等，教研组一直集中力量，共同奋进。

"学本课堂"的理念渗透在教研组教师平时的课堂之中，也就孕育了师生之

"和"。教师在教学行为中以学生的需求为根本出发点，教学活动的设计和安排以解决学生的切实需要为抓手，形成了良性、和谐的师生关系，助力教学效果的实现。学生的个性化需求在组内教师的倾心付出中得到满足。

教研组内几位班主任名师带领着全组教师开展学生"小组合作"学习模式，这是创建生生之"和"的重要举措。增强学生学习的内驱力，不能只依赖于教师和学生之间形成的联系，而更加要注重学生和学生之间的"学习共同体"的建立。学生之间相互学习、相互补充、相互激励，是非常有效的学习行为。在小组合作的学习模式下，在"生生之和"的文化氛围中，学生之间的良性竞争和互利互助的关系得以并存，教学的效果亦显著增强。

（二）学科之"和"

1. 学科知识内容之"和"

在学科之"和"方面，由于科学是一门综合性的学科，包含物理、化学、生物、天文、地理，各个学科内容的融合成为客观现实。如何更好地整合知识内容，实现学生高位发展，是教研组实现学科之"和"的第一个要点。不同的知识内容要求着不同的学习方法，实现学习方法的融合亦是关键。

2. 学科教学手段之"和"

从学科活动开始到后来的拓展性课程，教学手段之"和"始终在科学教学中起着重要的作用。社团课程的开展、网络公益平台的搭建、家庭实验竞赛、各种教学手段在"同"的场景中被熟练准确地应用，避免了单一、低效的教学实践。

3. STEM 课程下的跨学科之"和"

近几年，STEM 课程随着拓展性课程的兴起涌入国内中小学，它的核心理念是跨学科融合，通过知识情景化，让学生综合运用学科知识创造性地解决实际问题，在此过程中培养创新思维。科学学科在 STEM 教学中发挥着科学素养的引导和发展作用，为跨学科的大融合提供了坚实的保障。STEM 理念下的科学课强调工程理念、质疑修正、数理证明的思想进驻科学课堂，将学生核心素养的培养提升到新的层面。

正是在人"和"以及学科之"和"的保障下,"和趣"科学教研组走在了高速发展的轨道上,而"和"是最终实现"趣"的保障。

二、"趣"——趣促发展

皮亚杰说过"所有智力方面的问题都依赖于兴趣"。区别于其他学科,科学更加注重与生活的联系,而与生活息息相关的事情更加容易引起学生的兴趣。挖掘生活中的乐趣,带领学生体验生活之美,是科学教学真正落实"以人为本"教育理念的途径。培育"乐学土壤",展科学之"趣",学生在生活中会遇到诸多超越自身认识水平的事物,结合原有的认知,通过教学后达到新的认知,便是教学的增长点。牢牢抓住这些来自生活的、来自学生本身对于认识世界的兴趣,营造出学生感兴趣的教学环境,让兴趣服务于教学。经典实验的开展、有趣的探究任务、新媒体平台上学生风采的展示等,让学生感到有乐趣,能促进教学的开展。科学学科也存在抽象性、概括性和逻辑性的内容,让很多学生感到枯燥乏味。因此,我们需要结合科学学科的特点,融合一些趣味性的元素,让枯燥乏味的内容和学习方式变得生动有趣。

学生能力的培养是"趣"的更高要求。发展学生在科学探究、科学知识与技能及科学、技术、社会、环境等方面的能力是"趣"的要求。学生逐步在这种要求下形成用科学的知识、方法和态度解决问题的意识,为未来发展奠定基础。

学生用更加科学的视角看待世界是"趣"的最终归宿。学生探索自然的兴趣是学习科学最直接和最持久的内在动力,对学生今后的发展至关重要。"和趣"科学的教学从学生的实际出发,精选基础知识、技能与方法,为学生创造学习科学的良好条件和环境,使学生的科学素养在主动学习科学的过程中得到发展,为学生形成正确的世界观、人生观与价值观奠定良好的基础。

"和趣"科学教学新模式(见图1-2),是以新课程标准的要求和基本理念为指导,立足"以学生为本"进行科学课程的改革。

图 1-2 "和趣"科学新模式

　　"和"是学校的"和合共生"文化，即和谐、合作、合力以及和而不同，是打造"和趣"教研文化的保障；"趣"是科学教学的目标，指向教师教学的乐趣、学生学习的兴趣以及学生核心素养的发展，是"和趣"教研文化的最终指向。"和趣"科学的改革依托精品课堂、拓展课程、网络平台以及精准教研进行，以达到课程改革、课堂转型、学法创新和团队发展为最终效果，而促使学生发展是"和趣"最本质的要义。

第三节 "和趣"路上遇芬芳

这些年，教研组开拓创新、锐意进取，在面临诸多困难时，开放思路，力求变革，平稳度过了教师青黄不接的阶段。在团队的集体努力下，我们将这种劣势转变为契机，骨干名师高位发展，青年教师的培养踏实有效，实现了人才队伍的快速补充。组内的骨干教师陈红英、王兴凤、金国英、吉瑛获得吴兴区第二批"享受教育特殊津贴人才"的荣誉，教研组原组长饶冬娣老师也获得了"吴兴区义务教育课程改革先进个人"的荣誉称号。得益于组长团的培养模式，几位青年教师获得了喜人的成绩（见表1-1）。

表1-1　青年教师获教坛新秀称号情况

姓　名	荣誉称号
饶冬娣	湖州市第十一届教坛新秀
孙晓陈	湖州市第十二届教坛新秀
方　园	吴兴区第五届教坛新秀
宋小飞	吴兴区第六届教坛新秀
傅　宁	吴兴区第六届教坛新秀
高　森	吴兴区第七届教坛新秀
叶　军	吴兴区第七届教坛新秀

团队实践"导师制"和"精品课"备课模式，在打磨课堂艺术上不遗余力，从最早期的公开课听评课的课堂模式1.0，到以"导师制"为主导的"精品课"课堂模式2.0，再到现在的"精品课备课"课堂模式3.0，开发出适合团队、适合学生的高效课堂模式，这也给了周边许多兄弟学校以借鉴，在区域范围内开启了引领、共话优质教学的新篇章。

教研组在不断提升自我的道路上愈走愈远，教学改革是团队发展的生命力。从最开始的实验教学，到结合时代要求推进的基于"微课"的混合式教学、STEM理念下的科学教学，这些改革都旨在提升学生的核心素养，培育符合时代要求的学生。2019年开始，教研组在大数据平台的支持下开展的"精准作业改革"，又是在减负增效方面的一次新的尝试。

在教学改革的浪潮中，教研组着力把学生提到教学改革的中心，进行了走班式分层教学。让学生"学习有用的科学""学习对学生终身发展有用的科学"这两句话高度概括了现代科学课程应该具有的方向，也是学校科学教研组不断夯实教学理念的结晶。

正是基于这样乘风破浪的勇气和努力，教研组的工作得到高度的肯定，被评为"吴兴区师德先进群体""吴兴区德育工作先进集体"，也先后被评为"吴兴区先进教研组""湖州市先进教研组""浙江省先进教研组"（见图1-3）。课题"'和'以生趣，'趣'促发展——基于'核心素养'的'和趣科学'教学改革研究"获湖州市教研课题一等奖，记录教研组发展历程的"'和'以生趣，'趣'以生'慧'"案例入选为2019年浙江省中小学建设和研修案例征集优秀案例。

站得高方能看得远，教师团体只有深刻内化时代的要求，将其转化为自己的教育理念并付诸实际的教学行动，才能在真正意义上提升全体学生的科学素养；也只有构建良好的教育氛围，教师团队才能真正担负起历史重任，擎旗呐喊，高歌猛进。

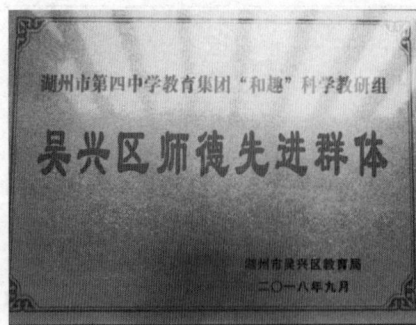

（a）

（b）

（c）

（d）

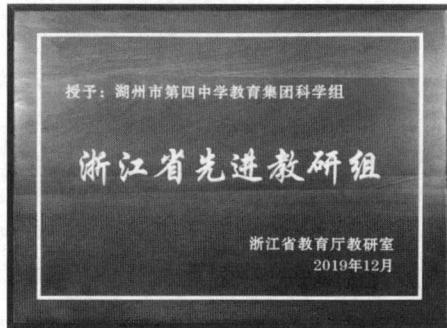

（e）

图 1-3　团队荣誉情况

第二章

"和趣"团队护航"和趣"科学

　　小溪只能泛起细碎的浪花，百川纳海才能激发惊涛骇浪，个人与团队的关系就如小溪与大海。在教育教学中，单靠一个人的力量难以在课程改革、有效教学等诸多方面实现新的突破，这就需要我们建立合作团队来解决错综复杂的问题，提高教学效率和质量。教研组要实现长效发展就必须有一支可持续发展的教师团队，既要有骨干教师的引领辐射，也要有青年教师的蓬勃奋进，以此营造一种良好的教研生态环境。

　　湖州四中科学教研组一直秉持学校的"和合共生"文化理念，努力打造"和趣"团队，将个人智慧逐渐转变成"1 + 1 > 2"的团队智慧与力量，把教研组每个成员的作用聚合起来，使工作整体绩效最大化。教研组通过主题化的教研活动，及时更新教师的教育教学理念，形成教师间合作、交流、共探、共思、共享的教研活动机制和模式；以"研"促"教"，实现教研和教学工作的高位发展；通过"导师制"培养模式，帮助青年教师茁壮成长，解决教研组内教师青黄不接的状况；通过骨干教师"智囊团"与"组长团"创新教研组工作方式，营造积极、向上的教研氛围，以团队之"和"促教学之"趣"。

第一节　多元化校本培训，教研活动有特色

　　校本培训是一种基于学校的，以学校教师为主体，融学习、工作和科研于一体的集体性教研活动。在新课程背景下，校本教研活动是一条灵动的同伴互助的纽带——引导教师间互动对话、交流分享；校本教研活动是一个宽广的自我反思的平台——促使教师理性地审视教学原态，提炼实践经验，积淀教学体验，触发教学智慧，优化教学行为，从而实现内涵的提升。

　　教研组的建设必须以校本培训为龙头，以生动活泼的教研活动为内容，以提高教师素养为目标。如果说知识奠定教师课堂教学的底气，那么教研活动则给教师带来灵气与活力，一个有底气和活力的教师在课堂上才会大气，才能让学生的能力得以提高。可见，有组织、有计划地进行教研活动尤为重要。

一、教研内容主题化

　　主题化教研活动是促进教师专业成长的重要方式，也是促进学校走内涵发展之路的重要途径。主题化教研是将教学和科研结合到一起的一种教研模式，是围绕一个确定的主题进行的教研活动。主题来自教学实践，源于教学中存在的问题。科学教研组一直秉持校本教研活动必须指向"优化教学实践，提高教学效益，促进师生共同发展"的原则，将教研活动主题的选择根植于师生的教与学实践，与教师日常教学行为的改善联系起来，着眼于真正解决教学中根本的或突出的"小而实"的问题。这几年，教研组确立了"校本教研主题化，教研活动案例化"的思想，即围绕教学中、课堂上某一层面的具体问题，以问题解决为主线，先确定每学期的教研活动主题，再根据主题设计具体的活动，并把

每个教研活动做深做透，将特色教研活动撰写成案例，用教研成果促进教学提升，力求教研"从教学中来，回到教学中去"。

湖州四中科学教研组每学年的教研主题紧紧围绕"和趣"科学课程建设的总目标，并将省、市、区的活动融入其中，既追求教研效果，又不增加教师负担。以近六学年为例，微课、拓展性课程开发、STEM 教育等是教学热潮，也是吴兴区科学教学改革新的契合点。因此，科学教研组及时更新理念，结合这些热点以及学校科学教学的实际情况，教研活动主题规划如图 2-1 所示。

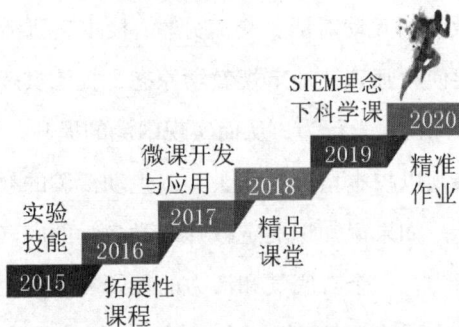

图 2-1　教研组教研活动主题规划

教研组设计并开展的主题化校本教研活动的一般思路：一是强化活动前的师生调研，从学情和教师最困惑的问题入手，从教学中的小现象入手，寻找并确定校本教研活动的主体；二是根据省、市、区内的教学要求，有针对性地进行学习，提高理论水平；三是充分发挥组内优秀教师的领头羊作用，加强教师之间的交流碰撞、对话互助，使教师共享经验、共建共进，实现专业内涵的提升。

在主题化的思路下，教研组萌生了多样化的教研活动形式。

案例 2-1

主题化教研活动——实验操作培训

2015 年 9 月 29 日下午，我们迎来了贴合我们科学教师技能的实验操作培训。此次培训采用骨干教师讲解指导、随机抽取其余教师动手实验的形式，寓教于实践，生动形象地为我们展现了初中实验中应注意的关键点和易错点。

整个研训活动分为物理、化学、生物三个模块进行。杨兵兵和金国英老师对初中物理实验中经典的欧姆定律、凸透镜成像规律、摩擦力影响因素进行了总结和归纳；彭智勇和杜战跃老师结合经验总结了二氧化碳的制取和收集、氧气的制取两个实验操作中的易错点；吉瑛和王兴凤老师就生物部分洋葱表皮细胞、口腔上皮细胞的临时装片制作、唾液淀粉酶的催化作用进行了细节上的指导。

三分靠教，七分靠学。老教师传授的经验需要我们切身的实践才能内化。临时抽取的几位老师，凭着自身积累的经验，有条不紊地进行了实验操作，得到了在场老师们的一致好评。

当然，操作中也有一些不当之处。在场观看操作的每一位老师都是评委，发现有不足之处，就会马上指出。大家一起在实践中讨论，在讨论中学习进步，这才是培训的真正价值。

更值一提的是，为了让每一位老师都看到演示老师的每一步操作，我们采用了同屏技术（见图 2-2），将操作通过手机和电脑，直接投影到屏幕上，将演示老师的操作以及他所看到的视野放大，真正让每位老师都参与其中。

图 2-2　同屏技术辅助实验观察

"成功＝艰苦劳动＋正确方法＋少说空话。"认真地听讲，积极地讨论，这半天的培训落地于实处，切实地提升了我们的实验操作能力。

案例 2-2

主题化教研活动——拓展性课程培训

2016 年 8 月 29 日上午，科学教研组邀请到了吴兴区研训中心科学教研员侯小英老师，开展了题为"初中科学拓展性课程的开发与实践"的讲座。

侯老师向在场各位老师简单解读了浙江省教育厅下发的有关深化义务教育课程改革的文件，并以此为背景，阐明了"改"的思想基础就是"立德树人，以生为本"。

紧接着，侯老师以郑青岳老师开发的活动性课程为例，向老师们阐述了该课程的指导思想：提高学生科学探究和实践能力，提高学生学习科学课程的兴趣。侯老师也简单介绍了几位老师开发的案例，如十一中罗群老师的"观察叶片结构"、四中高宇程老师的"汽水爽实验"。

侯老师又对由四中科学教研组编写的初高中衔接教材做了简单评价。以光学部分为例，侯老师阐述了该课时的设计思路，以及教材内容的分块。

最后，侯老师以杭州市西湖区一位老师的课堂设计为例，向大家介绍了近几年大热的课程——STEM 课程。各种元素的融合，需要的不仅是广阔的知识面，还需要教师不断提高自身素质。因此，侯老师鼓励在座的青年教师多学习、多思考。

此次研训活动，带给老师们的是新环境下教育领域发生的一些变化。随着时代的发展，我们已处于教育改革的浪潮中，只有不断提升自己的能力，才能适应不断改变的时代。

案例 2-3

主题化教研活动——微课录制能力提升培训

2017 年 8 月 26 日下午，一场由湖州市第四中学教育集团科学组承担的信息化教学培训在报告厅如约开展。此次培训源起于数字文化浸润，引发了各教研组新的探索。

首先，科学教研组组长饶冬娣老师对近年来科学组在微课方面的探索进行了整体的总结汇报：从微课录制的背景，到近几年科学教研组在微课方面取得的成果，微课给我们的教学带来了极大的优势。大量的青年教师，为四中科学组注入了新鲜技术。这一切都在提醒我们，一个新的教学时代已经到来。

接下来，高森老师结合自身经历，描述了微课录制前大家的备课与准备过程，并表述了自己的真实想法，希望除了教师录制微课外，还可以鼓励一些学有余力的学生录制一些习题微课，让学生带动学生，开创微课教学的新模式。

孙晓陈老师作为科学组内的技术一把手，首先向我们展示了微课录制的三个步骤，用简单通俗的语言将复杂的微课录制分解。而后，利用同屏技术，将手机和电脑屏幕连接，现场演示了微课的录制、视频的剪辑和处理，让每一位老师都切实跨越"技术障碍"，消除"技术恐惧感"，进而掌握新技术，更新了教育理念。

作为四中"和趣"科学微信公众号的管理者，高宇程老师首先介绍了公众号的制作与使用。自四中"和趣"科学公众号开通以来，学生学习科学的兴趣大大提高。微课将学校与家庭学习结合，即时解决学生在学习上的问题。

最后，湖州市第四中学教育集团副校长陈红英对本次培训进行了总结。作为一位一线的科学老师，陈校长结合自身制作微课的经历，鼓励老师们投身到微课制作的行列中去，用新技术引领学生学习。面对任何新技术，我们都要以开放的心态去接纳，并在实践探索中修正提升，顺应时代的发展。

案例 2-4

主题化教研活动——精品课堂展示研讨活动

2018 年 12 月 20 日，临近期末，教学接近尾声。为了更好地迎接期末考试，同时为初三年级马上到来的考试做好复习工作，"和趣"科学教研组在湖州四中西山漾校区进行了全组教研活动。

首先，肖舒婷老师带来了一节初三复习的展示课，这是初三备课组集体打磨的精品课。肖老师以氢氧化钠变质问题切入，和同学们一起进行了一场精彩的探究活动。在肖老师的带领下，整个课堂氛围活跃，同学们的积极性很高，围绕着"检验氢氧化钠是否变质""检验氢氧化钠是否完全变质""测定氢氧化钠纯度""氢氧化钠变质图像问题"进行激烈的讨论。肖老师向我们展示的这节精彩的化学复习课，紧扣中考，为其他老师今后的教学提供了很大帮助。

课后，科学教研组全体老师对这节课进行了深度剖析。初三科学备课组组长高森老师指出，整节课从学生暴露问题、解决问题的角度出发，内容涉及许多中考考点，并将重点、难点结合在一起，整个课堂显得饱满、充足。饶冬娣老师也对这节课进行了评价，指出初三时间紧、学生漏洞多，肖老师的复习课体现出了五大功能：①提炼了基础知识；②系统化知识，形成知识网；③查漏补缺；④提高学生分析问题、解决问题的能力；⑤对于学习方法进行指导。最后，杨银儿老师进行了总结：这节复习课从基础到实验再到图像最后落实到计算，课堂环节连接紧密、把握到位，同时体现出教师指导方式的多样化。

随后，初二科学备课组组长叶军老师为大家展示了初二备课组出品的精品课——"声音的产生和传播"的微型课。叶老师向我们展示了精彩的实验，实验充分调动了学生的学习积极性。从声音是如何产生到声音的传播需要介质再到声音的传播是以声波的形式，活动丰富有趣，重难点突破到位。随后，教研组聚在一起讨论，为课堂中的实验创新献计献策。

"和趣"科学教研组旨在上好每一堂课，上出精彩、上出乐趣，让每一位学生体验科学的乐趣。教研组通过集体的智慧打磨每一节精品课，助推了"和趣"课堂的发展。

案例 2-5

主题化教研活动——遇见STEM，预见精彩

2019年11月18日，湖州市第四中学教育集团科学教研组承办了吴兴区"基于STEM理念的初中科学90学时专题研修"培训，全体科学老师参与活动。

上午，首先是四中科学教研组的饶冬娣老师带来的充满了科学思维的"神奇的开关"一课。本堂课，同学们从玩中学，从探索牛奶盒台灯亮起来的原因开始，揭秘神奇的开关——"干簧管"。

饶老师结合太湖领域的汛期问题，为家乡出谋划策。同学们体验了一把小小工程师——利用干簧管自制水位报警器。当然，干簧管不仅仅可以用在水位报警器中，还是各种常用物品的主要组成部分。同学们深深感受到，正是这样的创意设计使生活更加美好。

紧接着，弁南中学杨文怡老师带来了一堂"自制碳酸饮料"课。碳酸饮料可是同学们的最爱，杨老师深知同学们"小吃货"的本性，邀请同学们一起来比较橙汁和碳酸饮料。同学们通过实验发现碳酸饮料中竟然有许多色素，从而产生了该如何制作更健康的碳酸饮料的疑问。

　　碳酸饮料制作过程中的关键当然就是如何产生碳酸了。同学们在杨老师的引导下书写化学方程式，挑选出合适的原料和配比方案。随后便进入最为热闹的制作环节，同学们发挥小组优势，分工明确，成功制得了碳酸饮料。

　　下午，浙江省特级教师郭海平老师为我们带来"例谈实验教学中的问题与改正"专题讲座。多年的教学经历让郭老师对实验有了更多的思考。"正确知识＋正确过程＝习得的素养"如何实现学科核心素养，"科学观念及运用、科学思维及创新、科学探究及交流、科学态度与责任"缺一不可，值得每位老师深入思考。

　　实验教学如何具有有效性？郭老师通过"摩擦起电使氖管发光""物质构成中蔗糖去哪儿了"等科学实验案例指出，教学不能偏离教材意图，要帮助学生理解内涵。通过"粗盐精制""空气与氧气""硫酸实验""气压对液体沸点的影响"等书本实验，郭老师鼓励教师要勇于尝试和猜想，强化设计，坚持实证，将知识与技能、过程与方法、能力品德观念一步步融合。

　　本次引入的 STEM 培训活动让教研组的各位老师受益匪浅。路漫漫其修远兮，在 STEM 教学方面吾辈将上下而求索。

二、教研方式多样化

（一）集体备课式

　　备课是教师教学活动的准备阶段，是教师自我教学理念的体现，是教师教学能力的体现。集体备课则是技能和理念的交流融合，其目的不仅是用全体备课组教师的力量备出一节或多节精品教案，更是给教师观念和方法上的交流机会，使教师知道其他人都在关注什么，有哪些优点，自己的思考特点是什么，相对于他人有哪些不足，自己应该吸取哪些经验等。因此，加强每周一次的集体备课活动，能促使教师间互补和互助，能促进群体的发展。

　　集体备课式的教研活动，是以一个年级的备课组为单位，将每周一次的集体备课做成教研活动加强版：①对学科知识的研究和分解，要宽到边深到底；②

对学法和教法进行研究；③根据学情确定教学策略，设计适合本年级学生的教学环节；④研究预测课堂上可能出现的问题，并对问题做出详细的预案，提出多种解决办法；⑤拟订上课提纲，将知识点串连成一个体系。

在备课组活动中，通常采用微型课的形式，按照"一人主备—集体研究—修正教案—修改完善"的流程进行。备课组成员要有责任意识、合作意识、集体意识、超前意识和反思意识，要提出自己在教学中的困惑，并分享自己认为有效的教学策略，关注各班的平衡，稳步前进。以往的"听课+评课"备课模式往往存在滞后性，对已经上过的课无法进行弥补；而如今的备课模式有效解决了这一问题，且增加了集体备课的容量，相当于每位老师都在短时间内展示了一节公开课，教研活动更具效率，每周一次的备课组活动可以对一周的课程情况进行研讨。以初三备课组为例，初三复习阶段课时紧凑，如何保证每节课都能紧扣要点，备课组组长每周都会提前确定下周课时的负责人，并让其在每周四的备课组活动中展示微型课。集体备课模式将磨课环节前置，让组内每位教师带着研磨后的成熟的教学设计走进课堂。

这样的集体备课形式取得了一定的成效，也受到了学校领导的一致认可，校领导常组织其他备课组前来观摩学习科学组的集体备课活动。

案例 2-6

集体备课式教研活动——科学引领促发展 精准教学谋高效

2019 年 4 月 4 日下午，湖州四中校长徐来潮、副校长徐会星、学指中心主任王强强老师等学校领导组织全校备课组组长、教研组组长齐聚湖州四中白鱼潭校区录播教室，观摩初三科学组特色备课组活动，共同商讨如何高效开展备课组活动，进行精准教学。

每周组内相互听课是初三科学组的常规教研活动。此次活动中西山漾校区教师代表王兴凤老师反馈了上周随堂听课情况，分享了费春鸣老师"光合作用与呼吸作用"这一模块的特色复习模式。白鱼潭校区教师代表饶冬娣老师与大家分享了本周白鱼潭校区"走进高级教师课堂——杜老师课堂"的听课感想。科学组导师杨银儿老师高度肯定了饶冬娣老师精准、高效的复习课堂。在这种听课与被听课、评课与被评课的模式中,老师们不断积累、探索、思考,走向更高效的课堂。

随后,初三科学组杨兵兵老师和高森老师分别给大家准备了"电与磁"与"电功率"这两个模块的复习素材和复习思路,组内老师提出了自己对这一模块的复习看法和修正意见,组内老师对每一个细节进行了深入讨论。在共同商讨、反复研究中,大家完成了对这两节课的打磨。初三科学组力争把每一堂复习课都上成精品课,保证教学环节的高效化,关注学生思维品质的提升,使学生活动价值最大化。

徐来潮校长高度肯定了初三科学备课组的高效研讨活动模式,并决定接下来在全校范围内推广这种活动模式,希望各个备课组在这个模式上探索一种符合自己学科特色的模式,为打造高效课堂而努力。

(二)课例研讨式

课例是课堂教学案例,是案例的一种特殊形式,是一个包含疑难问题的实际教学情境描述;也是指对一堂课的实录所进行的阐释,强调对上课事实进行详细的罗列以及加上简要的评析或反思。"课例研讨"是围绕具体的课堂教学实例所展开的研究与讨论,主要研究"如何上好一节课,促进学生的真实发展",重点解决课中存在的某些问题,将备课、说课、授课、观课、评课融为一体,是校本教研活动展开的重要途径。

从校本教研的角度来看,课例研讨包含校本教研的三个关键性因素,也就是个人反思、同伴互助、专家引领。从教师专业成长的角度讲,课例研讨不是完全着眼于改进这一节课,而是旨在发展教师的课堂教学能力。由此可以说,课例研讨既是一种以解决问题为中心的教研模式,也是一种以课堂实例为载体的培训方式。课例研讨式教研活动分三步展开。

第一步：个人备课。这一步的活动内容是：上课教师要结合各自的教学实际或理解，围绕"同个课题"，在充分熟悉学情和教材的基础上，独立完成"同上一堂课"的任务。这一步旨在在教学实践中发现教师个性的问题，待提炼教研主题后，设计出易于接受、易于讨论的主题、案例，引发组内教师的讨论、反思，同时加强业务学习，实现第一次"实践—认识"的跃升。

第二步：课堂展示。在这一步中，通过课堂展示过程中教师与学生的交流互动与引领，检阅教师技能的效果和程度，同时体现教师个人备课能力；在此基础上，提供研究课例个案，评课剖析；通过质疑或预设某些教学实践环节中可能出现的现实问题，引领教师由认识再次回到实践，也就是让教师带着新的现实问题，有针对性地去实践、探讨解决问题的方式、策略。这是教研活动的关键环节，是第一次跃升转向第二次跃升的转折点。

第三步：交流研讨。这一步的活动内容是：组织集中性交流研讨，与教学同伴、教学骨干畅谈认识、碰撞对话，分三个环节进行：①交换认识，交流做法；②梳理提炼，疏通思路；③提供个案，碰撞剖析。在这一环节中，骨干教师带着组内教师解决难以把握的现实问题，有针对性地进行示范或实践，探讨解决问题的方式和策略。这是示范性解决问题的过程，引导老师们求同存异，达成实践共识，实现由面到点的"认识—实践"的跃升。

案例 2-7

教研活动——打造"和趣"课堂，推进"高效"复习

2018 年 3 月 15 日下午，本学期第一次科学教研组活动在白鱼潭校区举行。为了构建"和趣"课堂，有效解决初三教学面临的"时间短、任务重"的问题，科学教研组全体成员参加初三备课组的听课、评课并给出复习建议。

首先，科学组全体教师聆听了初三备课组组长饶冬娣老师的一堂初三常态复习课。饶老师围绕着"电学专题复习"，带领同学们回归课本，回顾知识并结

合中考习题指导同学们归纳解题技巧，给大家带来了一节精彩的物理课。物理原本是复杂难懂且枯燥的，但饶老师风趣的语言和有趣的问题链让学生的思维"活"起来。

课后，科学组全体成员在二楼会议室集中研讨初三复习课的教学以及如何实现"趣教"和"趣学"。导师杨银儿老师进行了点评，并对课堂的环节进行了仔细分析。她对饶老师在课堂上跟学生及时交流、对学生有及时的评价以及课堂上及时对学生进行检测做了充分肯定。同时，杨老师强调初三复习重在基础以及疑难点的解决，如果一节课能给大家带来一些反思，那么课堂就是有意义的。最后，青年教师们结合听课感受发表自己的意见，分享自己的收获，通过组内教师们的共同研讨，切实解决了教学实践中的疑难问题。

（三）观摩学习式

以上两种形式的教研活动虽有其独特的优势，能随时随地进行，但也有一定的缺陷，由于在自己组内进行，因而有可能造成闭门造车的情况。观摩学习式教研活动的开展就是要帮助教师提升教育境界，实现组内教师的终身学习。教研活动的开展，还要充分发挥省内外名校、名师、专家的作用，以省、市、区活动为契机，积极引导组内教师进行学习和研讨，使教师拥有更多参与学习的机会，从而满足教师交流研究的需求。

科学教研组坚持每两年组织组内教师到省内名校学习培训和交流。通过观摩其他学校的教学模式，组内教师的视野进一步开阔，还能借鉴名校的经验，学习先进的教育理念，再将这些先进的教学理念渗透到自己的教学实践中，积极探讨适合湖州四中学生实情的教学新思路、新方法，从而进一步提升湖州四中科学教学水平和质量。

案例 2-8

外出学习活动：思维碰撞，在交流中提升

2018 年 10 月 27 日，湖州市第四中学教育集团科学教研组来到杭州进行交流、学习（见图 2-3）。本着"学习、思考、交流、成长"的理念，教研组带着积极的热情和虚心的学习心态驱车赶往省会杭州，进一步更新教学理念，学习教学经验，促进自身专业化成长。

图 2-3　科学教研组活动合影

27 日一大早，教研组坐车来到余杭区临平第一中学，参与杭州市初中名师系列展评。该活动是杭州初中科学影响力最大、范围最广的教研活动，包括科学名师的公开课、课后的教学心得交流、创新实验展示以及专家点评。

教研组的各位老师首先欣赏了来自余杭区太炎中学的裘琴飞老师带来的"地形和地形图"一课。本节课注重对于等高线的直观认识，裘老师采用了大量的实物演示活动和示意图，努力向学生传递空间概念，注重学生体验。课堂上，为了展示断崖和山脊的等高线特点，裘老师采用在海绵山体上绘制等高线，然后让学生用玻璃板压海绵的方式，清晰明了地表现出等高线与立体图形的关系。这样的活动开展对于学生认识抽象的等高线有着很好的辅助作用。整节课围绕着地形特点开展，主题清晰明确。

随后，江干区采荷中学的祝钱老师带来了"质量的测量"一课。老师们心里都很清楚，这节课是颇有难度的。向初一的学生介绍质量的概念。让他们理解质量的内涵谈何容易，因而整个教研组都对这节课充满了期待。祝老师呈现了一堂非常精彩且能充分引发我们思考的好课。质量的概念难理解，那就重点讲！在突破"质量表示物质多少"这个概念时，祝老师通过举例分析，实实在在地把难点的攻克做到了位，也为后面的课程开展奠定了好的基础。课程开展过程中，他巧用生活中触手可及的材料，利用扁担挑重物构建天平的模型，既不生硬也贴近生活实际，使学生最大限度地参与课堂。

公开课过后，两位老师又带来了精心准备的创新实验展示，老师们都饶有兴致地看着、听着。一些小的实验改进，给了老师们极大的灵感，听完以后都感叹原来这个实验这么做会更好。实验的教学改革一直是湖州市第四中学教育集团教学改革的重点，这样的展示学习有必要也有效果。以课本为基础，对实验进行改进或创新，创意十足，老师们表示收获颇丰，受益匪浅。

最后的专家点评环节再一次拔高了我们对于课程的认识。杭师大来文教授对于这节课做了细致的点评，首先从课程的性质上作了点评。地理的展示课不多，因为浙江地理考察得少，但这样一节课真正体现了对于学生学习认知的提升，是具有人文情怀的一节课。接着，她从专业的角度告诉了老师们一些平时容易疏忽的概念，例如集水区是什么。来老师把整节课的思路做了一番梳理，又指出了几个可以改进的地方，真正让老师们见识了"站得高，看得远"的含义。作为一节普通的课堂，也许我们觉得真的可以了，这节课的知识点都覆盖了，但是在专家的点评之下才发现，原来我们还有那么多可以改进的地方。艺术的创造是一个不断修正且没有止境的过程。

27日下午，教研组来到杭州市第六中学，观摩了该校的"六位一体"学科特色教室。集办公区、教学区、实验区、展示区、置物区、查阅区六种功能为一体的学科教室让教研组老师们眼前一亮。对于科学这门学科而言，这样的学科教室具有很强的现实意义。一个教室包含了多种功能，实验室就在教室两侧，动手实验变得非常便利。基于学科教室建设的分层走班教学也引起了湖州四中科学老师的兴趣，它类似于大学的课程设置，学生可以根据自己的个人特点选课，到不同的教室上课。这充分体现了以学生为本的教学理念，是教学改革发展的方向。接着，大家兴致勃勃地参观了学科教室。杭州六中的科学教研组组长介绍了分层走班教学的实施和评价，各种各样的学科教室让老师们大开眼界。对方学校的老师一路陪同参观，介绍着学校建设的经验，并积极地与我们交流与讨论。

此次活动增进了两地教师之间的友谊，促进了双方的合作交流，对于教研组教师来说不仅拓宽了视野，共享了学习资源，也为提升湖州四中科学教师的专业素养打下了基础。

1. 拓宽视野，提升高度

教学最忌讳的便是眼界的固化。学校的教研组活动虽然一直在开展，但是对于外面学校的优秀做法知之甚少。这次杭州的交流学习活动是我们科学教研组的老师一个对外的交流机会，让我们看见了其他老师是怎么上课的，其他学校是怎么开展教学活动的。杭州作为浙江省省会，师资优越，教学理念较新，紧紧跟随着社会发展的脚步，到这样的地区考察学习，老师们坦言真正做到了眼界的开拓，对于自己的教学修为提高，也起到了促进作用。

2. 思维碰撞，反思教学

这次的外出交流学习，为老师们搭建了一个更大的交流平台，在听取别人对于课程意见的同时，表达自己的看法和见解，思维在组内教师间碰撞，在其他与会老师间碰撞。平台的搭建，为教学研讨提供了可能。老师们在交流后，也有着诸多的反思，如"这个环节我当时的处理没有他好""我下次上这节课肯定要解决掉这个问题"。从交流中获得反思，在反思中获得进步。

3. 校际交流，模式共享

学校之间进行交流活动，进行教学模式的互相学习，可以从全局上进行安排。学科教室和分层走班的优势很明显，但是在我们学校该如何实施。在学校老师和领导的共同商讨下，局部的、部分的走班式教学在我们学校的开展就变得具有可行性。杭州六中对于湖州四中优等生培养辅导模式、学生自主学习模式也给出了很高的评价。两种教学模式在相互借鉴中获得新的发展，有利于提升学校的整体教学水平和效率。

4. 团队凝聚，携手并进

科学教研组是一个大团队，年龄跨度非常大，因而团队的凝聚力建设非常重要。此次杭州交流学习活动，全组人员在一辆车上、在一个活动现场尽情地交流着、欢笑着，老师们之间更加了解，气氛更加融洽。这是整个教研组工作开展的感情基础，是整个科学组大家庭团结向上的催化剂。

（四）专家指导式

科学教研组不仅要"走出去"，还要"请进来"。近几年，教研组积极承担省、市、区多场科学研讨活动，多次邀请省内名师专家来组内传授经验，为教研组更新教学理念。以2018学年第二学期为例，科学教研组活动以"青年教师专业能力提升""教师专业技能培养"和"STEM教育理念下的科学教学"为主题，以课堂教学诊断与专题课研讨为重点，多次邀请专家团队前来指导，促进全组教师专业成长。

案例 2-9

"2019 暑期初中素养本位课堂教学跨学科观摩研讨培训活动"之科学专场

求木之长者，必固其根本；欲流之远者，必浚其源。教师队伍的建设是教育的根本，教师专业素质的提升，尤其是课堂教学能力的提升，是学校发展的根本，是教学改革不断推进的力量之源。

2019年8月26日，暑期初中素养本位课堂教学跨学科观摩研讨培训在湖州市第四中学集团和合讲堂拉开了帷幕。湖州四中的初中科学新秀教师傅宁展示了一节生动形象的科学课——"大气层"。用陨石坠落的生动视频来引发学生对生活的思考，将看不见的大气层具象化。傅老师根据大气层的厚度、温度分布等内容，在实时互动的过程中层层推进，以小组讨论、实物模型、微课等为载体，既落实了大气分层的知识重点，又渗入了分类的科学思想，激发学生思维的碰撞。傅老师从生活细微处入手，通过学生小组合作实验和教师演示实验，帮助学生理解对流运动。最后，傅老师借大气层知识解释了生活中的雾霾等现象，使学生们认识到科学知识与日常生活息息相关，同时鼓励学生发挥自己的力量爱护环境。

接着，湖州市第十一中学党委书记陈红英老师对傅宁老师的课进行了精彩的点评。陈书记将傅老师的课堂与普通识记性课堂进行对比，肯定了傅老师对教材内容的大胆整合；肯定了傅老师以生为本，在教学中时刻注重学生的学情，并且在科学课堂中培养学生观察、分析、想象、评价、整合能力的做法；肯定了傅老师对课堂实验的改进和创新。最后，陈书记指出，傅老师的课基于学生认知规律，将科学知识与生活问题相结合，环环相扣，有助于培养学生高阶思维，发展学生核心素养。

最后，浙江大学教育学院教授、博士生导师肖龙海则从教学组织方式、课堂反馈机制、教学模型应用等角度进行中肯评价和总结。他讲到课堂的核心亦是问题，教师应该在教学中学会基于问题而顺藤摸瓜，在问题解决过程中不断加深对问题、对知识的理解。

下午的培训，杭州师范大学经亨颐教师教育学院副院长蒋永贵教授给教师们带来了一场思维盛宴——"深度备课，落实学科育人的学评教一致性评价"。蒋教授搭设框架，清晰明了地阐述学科育人中的备课艺术。蒋教授首先以建立教学的主体结构为中心，搭建一系列问题，引导教师深入思考学科育人元问题。其中，蒋教授利用多个初中科学实际案例，生动形象地剖析了科学备课方法。从为什么学、学什么、怎么学到完整的备课评价体系，蒋教授步步深入，鼓励教师关注学生的自我发挥。之后，蒋教授通过解析一系列经典的学思案，探讨如何让教学的主体结构鲜活化。现场教师收获满满！

肖龙海教授联系上午的科学展示课，以及下午蒋教授的讲座，提出备课过程中需要注重学生的体验，通过小组合作的形式来推进课堂教学的变革。在跨学科教学的大趋势下，教师应引导学生搭建课堂中的学习模型，放大、整合学生的思维风暴，加深课堂深度。

第二节 "导师制"培养模式，教师成长有方向

湖州市第四中学教育集团科学教研组名师荟萃，人才辈出，向吴兴教育输送了大量的人才。近年来，教研组区级教学能手以上名师共9人，其中2人调入区教育局，4人调入其他学校任校级领导，1人退休，一度导致区级以上名师仅存2人（见图2-4）。随着学校的扩建，教研组也发展成为一个拥有48名教师的大组，而10年以内名师大量调出和新教师不断涌入让教研组陷入困局，教研和教学工作如履薄冰。

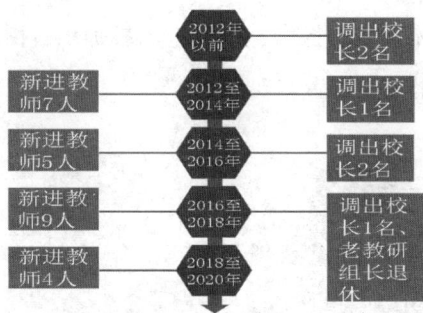

图2-4 近几年教研组人事调整

面对青年教师相对缺少教学经验，教研组内青黄不接的局势，科学教研组充分发挥优秀骨干教师的智慧和青年教师的力量，带头实践了学校的"导师制"新教师培养模式。"导师制"的实施让教研组青年教师培养方式得到了转型，为教研组走出困境指明了方向。

学科导师团队由区初中科学教研员侯小英带领教研组内杨银儿、杨兵兵、杜战跃等多位优秀的骨干老师组成（见图2-5），专门负责年轻教师的课堂打磨。

其中，侯小英老师现任湖州市吴兴区教学研究与培训中心副主任，初中科学教研员，也是首届浙派名师班学员，浙江省教育厅"百人千场"特聘专家，曾获得浙江省优质课评比一等奖，"一师一优课"部级、省教科研先进，省优秀教研员，市教学明星、市教学能手、市教育突出贡献奖等多项荣誉称号。她首创了"精品课"教研模式，为教研组的师资培养提供了保障。作为导师组长的杨银儿老师曾获得吴兴区最美教师称号，优质课获市一等奖，多篇论文在省、市、区获奖。她专职指导学校科学组团队建设，带头实践了学校提出的"精品课"，保障了湖州四中科学教学课程质量。通过"精品课"培养的多位青年教师形成了自己的教学特色，在全市范围内形成一定的影响力。导师杨兵兵曾获湖州市优秀班主任、吴兴区三满意教师荣誉称号，优质课获市一等奖，多篇论文获市一等奖，在解题能力和资优生培养上成效显著。他带领科学组内教师参与教学改革研究，积极探索"精准作业"模式，实现湖州四中科学教学的减负增效。杜战跃导师从教28年来，一直战斗在教育教学一线，多次获得各级各类教育教学奖项，尤其擅长技术和实验探索，带领组内教师积极探索创新实验，助推科学教研组教师在课堂上带领学生实现"趣学"。

特聘导师侯小英　　导师组长杨银儿　　导师杨兵兵　　导师杜战跃

图2-5　导师团队

这些导师就如同学校的教研员，每一节课带着青年教师一遍遍磨，每一节课和学生一起一遍遍听。湖州四中校长徐来潮说，一位名师在教学中只影响了自己所教的班级，而成为导师后就能将优质教学辐射到所带领的青年教师所教班级，让更多的孩子受益。这种"一对多"的培新模式，让组内青年教师在团队合作与竞争中及时发现问题并及时改进，从而快速成长。

科学教研组将原培养方式不断转型，形成"导师团队"的方式。与青年教师近距离、多次沟通与交流，深入了解他们的方方面面，有针对性地进行"一对一、多对一"辅导。只要青年教师有困惑，师父随叫随到，随到随陪，让问题和困惑得到及时、高效的解决（见图 2-6）。

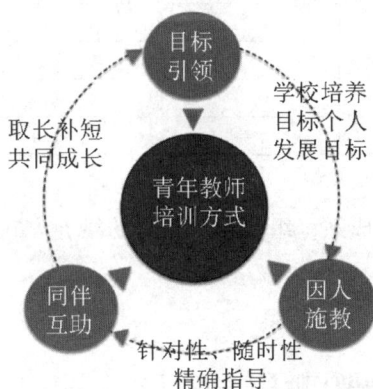

图 2-6　青年教师培训方式

青年教师的成长离不开导师的指导，在"导师制"的基础上，我们形成了"团队培新"模式（见表 2-1）。科学教研组内青年教师既能接受导师的统一化辅导，又能接受师父的"一对一"个性化指导，这对自身的发展与进步有极大的促进作用。导师制和团队培新将"统一化模式"和"个性化模式"结合起来，成为培养青年教师的双重保障。

表 2-1　2019 学年"团队培新"师徒结对名单

年　级	师　父	徒　弟
初　一	杨银儿	沈　怡
	吉　瑛	黄　艳
	王兴凤	洪　伟、汪宇超
	杜战跃	程　琪
	金国英	钱　敏
	杨兵兵	俞梦婷
初　二	方祺梅	俞　鑫
	许　敏	蒋姹琛
	孙晓陈	何钰菁
初　三	饶冬娣	肖　琪
	高　森	周海华

随着导师制的日益成熟，组内青年教师的培养方式逐渐系统化，教师成长的步伐也随之加快。

一、培养方式的转型：随意转向有序

（一）目标引领

目标对人的行为具有导向和激励作用。只有明确的、有价值的目标才能诱发良好的动机和行为，并指引人的活动方向。教师只有会制定自己的发展目标，才能引导学生制定自己的学习发展目标。为了达到青年教师的培养目标，学校教育指导中心为青年教师制定了学校总体培养目标以及详细的指导规划，让我们的培养方式不再随意，不再缺乏整体性、系统性（见图 2-7）。

【第6年及以上】
1.力争在各级各类比赛或活动中大显身手，成为行业翘楚。
2.独当一面，深谙教育教学规律创自我特色。

【第4～5年】
1.积极参与微型课、公开课、教学设计、课后反思、说课、论文、命题、课题研究等各类比赛及活动，争优争先。
2.薪露头角，探索教材内在联系及中考方向。

【第2～3年】
1.全面参与微型课、公开课、教学设计、课后反思、说课、论文、命题、课题研究等各类比赛及活动。
2.站稳讲台，熟悉本学科全年段的教学内容。

【第1年】
1.熟悉课程标准和学校日常安全及教学常规管理制度。
2.把握教材，追随师父的脚步完成教学工作。

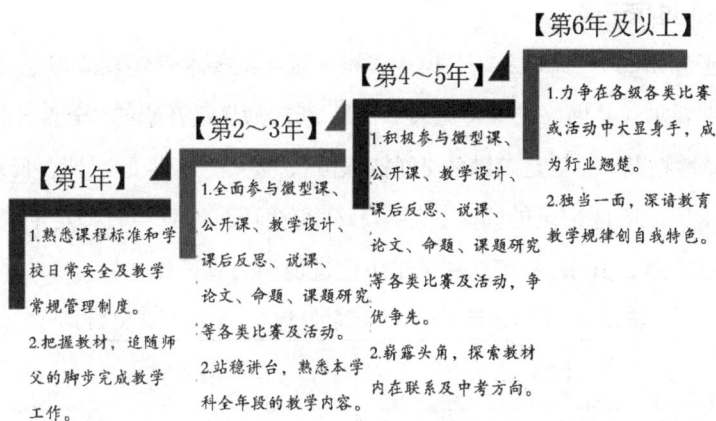

图 2-26　青年教师培养目标

　　科学组鼓励青年教师设计自己的个人发展目标，能结合工作实际、学生发展实际，提出适合自己特点的个人发展目标，选择符合自己的发展方向。青年教师既要在导师的精心指导下设计好个人专业成长发展规划，还要注重落实行动——整理并记录听课、教研活动、课改教案、教学反思等。有序记录青年教师的成长轨迹，有助于其尽快形成个性的教学风格和思想，为成长为名师打下坚实的基础（见图 2-8）。

规划板块
1.三年发展规划
2.本学年发展规划

学习板块
1.校本培训　　3.外出学习
2.读书心得　　4.听课记录

教学板块
1.公开课教案
2.教学反思
3.教育叙事

研究板块
1.课题研究
2.研究成果（论文）

图 2-27　教师成长轨迹

（二）过程记录

基于湖州四中"师徒结对"模式，科学教研组要求青年教师每个月完成一定量的听课要求，并做好记录（见表2-2）。新教师从刚开始的"全盘复制"到后来的"选择性粘贴"甚至是满满的"创新感悟"，要经过长期的听课、反思与总结。在按要求完成听课记录的同时，科学教研组会让组内青年教师定期书写反思和总结（见案例2-10），从反思和总结中促进他们的成长和进步。

表2-2　2018年9—11月"团队培新"徒弟听课反馈情况

师父姓名	饶冬娣			听课节数		
	次　数	时　　间	节　次	班　级	课　题	课　型
具体听课情况	1	2018年9月6日	1	301班（饶冬娣）	酸的性质	新课
	2	2018年9月7日	1	311班（汀玉琴）	碱的性质	新课
	3	2018年9月11日	1	307班（肖舒婷）	几种重要的盐	新课
	4	2018年9月13日	1	904班（宋小飞）	酸和碱之间的反应	新课
	5	2018年9月19日	1	309班（杨兵兵）	物质的鉴别和除杂	新课
	6	2018年9月26日	1	301班（饶冬娣）	食物和营养	公开课
	7	2018年9月27日	1	307班（肖舒婷）	金属的性质（一）	新课
	8	2018年9月27日	1	308班（叶　军）	食物和营养	公开课
	9	2018年10月12日	1	301班（饶冬娣）	金属和酸	复习课
	10	2018年10月17日	1	301班（饶冬娣）	金属冶制	新课
	11	2018年10月30日	1	305班（杨银儿）	功	新课
	12	2018年11月7日	1	304班（邢奭文）	动能和势能的转化	新课
具体听课情况	13	2018年11月14日	1	海亮中学	微生物的威胁	省级优质课
	14	2018年11月16日	1	307班（肖舒婷）	内　能	新课
	15	2018年11月22日	1	吴兴实验中学	电能复习	公开课
	16	2018年11月22日	1	吴兴实验中学	家用电器探秘	公开课
	17	2018年11月22日	1	吴兴实验中学	茶道中的能量	公开课
	18	2018年11月26日	1	311班（汀玉琴）	电功率专题课	专题课

续表

师父姓名	饶冬娣	听课节数	
本阶段听课及汇报课最大的收获	1. 物理课堂实验相对较多，学生实验、学生活动的创新设计与安排值得我学习 2. 物理知识比较简单，但重点在于知识点的运用，所以要加强理解 3. 重难点的把握：自己备课不能抓住重点，初三以中考为主，教学中要有取舍 4. 初三不同于初一、初二，要更加注重学生综合能力的培养和锻炼		
本阶段最明显的进步	由于目前是物理部分，所以知识点的逻辑性相对较强，上课时思路较为清晰		
存在的不足（有待改进的地方）	1. 作业讲解时间不足，初三时间紧凑，来不及讲解，出现作业堆积无法处理的问题 2. 物理知识点较多，可能涉及高中部分知识，需要取舍		
填表人	孙 颖	统计时间	2018 年 12 月 3 日

在一次次的听课反思与总结中，青年教师反思对教学方法、教学形式、教学过程等方面的所思所想转化为一篇篇案例、论文，一步步向"经验型教师""研究型教师"转变。

案例 2-10

在"和"中学，在"合"中发力

——听课、教学感悟

科学组 沈怡

一个多月来，我共听了 14 节课，也参加了几次科学组的交流观摩活动，如在南浔浔溪中学举办的优质课评比。很感谢科学组的前辈给了我宝贵的听课机会，有好几节课都是前辈们特地挑的典型课型，专门给我们新人打样，其中也有几节新老师的课，让我在对比中进步。

很幸运，我的师父是杨银儿老师，我的办公桌被安排在了她的座位前方。都说"傍着大树好乘凉"，有这么好的优势我却觉得自己没有珍惜，自惭形秽。学校对师徒都有要求，我的师父更是用心，她的付出远远超过了基本的要求。因为我兼任了班主任，杨老师处处照顾我的情绪、时间，循循善诱、处处提点启发。

我从备课、上课、课后三个角度来讲一讲对听课、教学的几点感悟。

【备课】

1. 研读教材、教参，把握重难点

在备本学期的第一节课时我备了很久，想着如何设计教学环节，在网络上也搜了很久，却始终得不到一个好的方案。其实我这是没有好好研读教参，就像杨老师说的，刚开始教学，如果能够按照教参上的顺序和重难点来教学，课堂肯定不会出多大问题。教学应该要踏踏实实的，对教材、教参的研读才是备课的基础，要在这个基础上去处理教材。连基础都没有打扎实还怎么去谈"上层建筑"。杨老师每次来听课都会给我"计时"，引入用了多久，有没有把重难点在课堂前 15 分钟体现出来。只有把握了重难点，才能根据学生的认知规律把握好课堂节奏。

2. 关注学生的已有经验

这一点其实在大学里就经常说到，但我发现在实际的教学中我反而忽略了。这样浪费了很多教学上的"激发点"，也浪费了很多时间去"炒冷饭"。其实，这一点可以在课前多找学生了解他们的潜概念。

【上课】

1. 从"严苛课堂纪律"到"关注学生的习得"

杨老师第一次来听我的课时对我的评价是"生涩"。我虽管控住了课堂的纪律却过于迂腐，没有放开的课堂，导致学生表面听话，私下开小差。另外，我把课堂内容全部讲完了，但是并没有对教授的内容做处理，课堂死板生硬。杨老师告诉我要学会"放"，如果课堂一潭死水、参与性弱，那么学生学到的东西也不会多。科学课与其他理科课不同的地方是实验的东西、感受的东西比较多。杨老师也说了我的课堂再这样下去，放不开的话，学生体验不到，感受缺失，是学不好科学的。目前，在上生物课的时候，我已经在极力改正这一点。

2. 精准发问与高度发问

有一节课是杨老师与饶老师一起来听的。这节课我确实抛出了很多问题，但正如师父们所说，我的问题抛出没有设计，很零散，基本是全体回答，没有针对性。他们建议我可以采用把问题打在 PPT 上的方式以精准化问题。同时，如何设计有高度的问题是教学过程中始终要思考的问题，例如，如何在最后 5 分钟抛出一个大问题让学生思考。

3. 教学辅助

在刚开始的几节课，我并没有好好利用板书。学生从小学到现在很依赖板书来分辨重难点，我没有好好设计，导致课堂效率受到影响。现在，我备课的时候会把板书也设计好。另外，在学生实验课、展示课时也可以利用同屏技术来即时交流。

【课后】

1. 作业讲评与订正

杨老师给我们介绍了方老师的作业订正方法，即以自己订正—小组讨论—组长讲题的形式呈现。在初一阶段可以借鉴小组讨论，学生自己把部分简单题订正好。我做了尝试以后发现确实提高了效率。但目前存在的问题是部分同学交上来的作业总是有一些没有订正，需要我花时间多次监督。等小组建立起来后，考录实施更完善的机制。

2. 学生自主知识整理

不上新课的时候可以让学生自己建构思维导图，整理知识点。这是从孙老师那里学来的。让学生准备一本专门整理知识点的本子，通过整理来巩固，之后投影一些整理得比较好的范例，在打磨中进步。

以上是我比较有感触的几个点。我师父的教育格言是"做良心教育，少折磨孩子"。我也希望自己向她看齐，起码做到两个"不"：不浪费学生的时间，不浪费学生的精力。

（三）考核量化

著名教育家陶行知说过，缺少艺术的教育是残废的教育。教育是心心相印的活动，唯有从教师心里发出来的教育行为，才能打动学生的内心。教研组如何艺术地评价一名青年教师，激发其工作积极性，促进其成长就变得尤为重要。

科学教研组对青年教师的评价采用多维评价方式，动态、灵活地向着"凸显教学特色"标准转型。努力发现青年教师在授课风格、知识结构、沟通优势等方面的特点，针对每位老师的特色提出意见，汇总交流，再与青年教师碰撞，达成共识。如近几年我们发现有的青年教师擅长专题讲座，有的擅长学法指导，有的擅长优等生培养，有的擅长创新改革……每位青年教师的优势在多元评价方式下得到了极大的体现。科学教研组努力创造机会，挖掘青年教师潜能，让他们展示风采，让他们的特色更凸显。比如，利用备课组或教研组活动，进行说课比赛、微课制作、解题析题命题比赛、即席演讲比赛、粉笔字大赛等，展现青年教师成长历程并进行量化评价（见表2-3）。

量化考核为青年教师提供了提升自我学习的契机，对青年教师专业成长起着积极的促进作用。正是在这样的培育土壤中，科学教研组内教师在市区各类比赛中频频获得大奖，不断为校、区、市所肯定，对自己的成长也更有自信。

表2-3 湖州市第四中学教育集团教师教学、科研量化评价要素

学期：＿＿＿＿＿＿＿＿＿姓名：＿＿＿＿＿＿＿＿＿＿＿学科：＿＿＿＿＿＿

项　目	内容记载	自己评分	学校审核	
			教研组长	教科室
教育教学论文参评				

续表

项　目	内容记载	自己评分	学校审核	
			教研组长	教科室
科研报告、教育教学论文、案例、教育叙事等发表				
教科研成果				
优质课参评				
专业技能比赛（教学设计、说课、解题、专业测试、课件制作等）				
教学专题讲座				
合　计				

教师的专业发展、学生的健康成长，是学校可持续发展的前提。为了提高广大教师教育科研水平和专业技能，充分体现发挥科研对教师专业成长的促进作用，激发广大教师的科研积极性，我们特制包括教育教学论文参评，科研报告、教育教学论文、案例、教育叙事等的发表，教科研成果、优质课参评等内容的量化评价实施办法。评分细则见表2-4至表2-9。

表2-4　教育教学论文参评量化实施办法

等　次	分　值			
	校	区	市	省
一等奖	1	3	5	8
二等奖	\	2	3	5
三等奖	\	1	2	3

注：各学科教学研究会组织设置的奖项按同一级别低一等次处理。

表2-5　科研报告、教育教学论文、案例、教育叙事等发表量化实施办法

等　次	分　值		
	市	省	国家
不到2000字	4	6	8
2000字以上	6	8	10

注：如发表在内部刊物按同一级别低一等次处理，凡发表在要求集体订阅报刊中不计分。

表2-6　科研成果（集体）量化实施办法

等　次	分　值		
	区	市	省
一等奖	6	9	12
二等奖	4	6	9
三等奖	3	4	6

注：教育行政部门、业务主管部门（业务主管部门下设部门主办的不计分）或一级教育学会所评奖项对应上表所列，教育教学研究会组织设置的奖项按同一级别低一等次处理。同一内容多次获奖的，取最高级别计分；不同内容多次获奖的，累计计分。2人及以上共同获奖的，课题组长及执笔者得全分；论文作者及课题其他成员均按1/2计分，得分人最多不超过5人。

表2-7 优质课参评量化实施办法

等　次	分　值				
	校	片	区	市	省
一等奖	1	2	4	6	10
二等奖	0.5	1	3	4	6
三等奖	\	\	2	3	4

注：录像课按同一级别低一等次处理。

表2-8 专业技能比赛（教学设计、说课、解题、专业测试、课件制作等）量化实施办法

等　次	分　值				
	校	片	区	市	省
一等奖	1	2	3	4	5
二等奖	0.5	1	2	3	4
三等奖	\	\	1	2	3

注：非现场比赛按同一级别低一等次处理。

表2-9 教学专题讲座量化实施办法

级　别	国　家	省	市	区	片	校
教学专题讲座	10	8	6	4	2	1

青年教师是学校的未来，青年教师的培养是一项长期的工作，需要我们包容加鼓励，允许他们慢慢进步；青年教师的培养也是一门艺术，需要我们"春风"加"暴雨"，期待他们不断完善。

二、指导方式的转型：听常态课转向品精品课

长江后浪推前浪，教师的新老交替是每一个教研组必须面对的问题，而科学教研组近几年的人事变动使新老更替来得更加迅速。老教师经验有余而力不从心，新教师活力四射却难以准确把握方向。

在对组内青年教师进行问卷调查和访谈中了解到，"教学经验和技能不足"

排在青年教师工作困扰的首位。他们希望导师跟自己多交流、沟通，多来听课，在备课和教学方法上多指导。有的青年教师说，我熟知自己该如何去学习，也知道这节课的重难点，但不知如何突破这些难点。也有青年教师说，我知道师父这节课上得很好，但让我自己设计就不知所措。

课堂是教学的生命线，基于青年教师的这些需求，科学教研组再次大胆创新，在导师指导课堂教学技能环节，将原来单一的听青年教师常态课转型为师徒们一起品"精品课"，摸索建立了共探、共创、共享的"精品课"的模式。借助湖州四中师徒结对和"导师制"的平台，由"一对一"向"多对一"的"团队指导"转型，对年轻教师进行全面的培养。科学教研组利用师徒合作出样板课，通过团队听评课形成精品课，通过共享精品课促进教师共同成长，促进教学质量的提升。一个人的一个好想法能够使课堂出彩，一个团队许多人的好想法就能使这节课变得卓越。当然，师父对年轻教师的培育不仅限于一堂课，更重要的是年轻教师通过备课、听课、再备课的形式，学习优秀教师的教学技能和技巧，提升自己的教学能力，并在学习的基础上形成自己的教学风格。

那么，何为"精品课"？即通过精心设计的示范课，尽量体现学生能动性、自主性、创造性的成功课堂（见图2-9）。

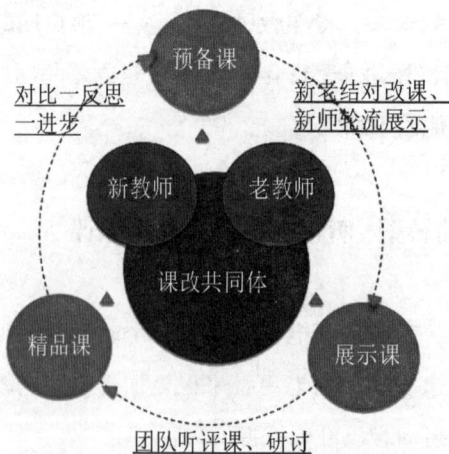

图2-9 "精品课"模式

第一，教师共同体的建立。以备课组为单位形成教师共同体，由学科导师或组内教学能力强的教师做师父，与青年教师或课堂教学能力相对弱的教师结对，整个备课组形成共同体。

第二，实施步骤。每周先由备课组分课题给新教师备课，再由结对师父对新教师所备内容进行修改，新教师按课时进度轮流上一次展示课，每次展示课由全体共同体成员来听评课，之后共同探讨研究，打磨出一节精品课。

第三，分享精品课。经过教师间的合作备课、听课、研讨后最终形成一堂精品课，参与听课的其他老师可以结合班级学生的情况和教师自身的风格素养，添加自己的教学元素。精品课的推广使用，客观上极大地促进了科学课堂的效率。

一般来说，在培育青年教师的过程中，精品课的呈现主要为两个阶段。

（一）导师示范

导师亲自开设精品课，或导师设计，青年教师演绎。在精品课中，导师会将先进的教学理念、准确的教学目标、科学的活动内容、积极的师生互动环节等一一展现，让青年教师模仿和借鉴，以获取直观、生动的感知。而青年教师在观摩的同时要记录好课堂实录（包括学生的表现、教师的处理方式等）。展示课结束后，导师向青年教师讲解设计理念及各环节的设计意图。通过观摩、记录、分析等环节，所有青年教师加深了对理论性知识的理解，获得了运用教育策略运用情景的方法，从而掌握先进的教学理念，提升课堂教学能力，并将这些迁移到自己的课堂中。

（二）导师指导

通过前期的模仿学习过程，青年教师开始尝试独立设计教学过程并说明设计理由。之后，导师再进行点评，指出哪些地方比较恰当，哪些地方还需要改进，并提出改进方案。通过设计、修改、展示等环节，青年教师获得的实践性知识更生动、更鲜活（见图 2-10）。

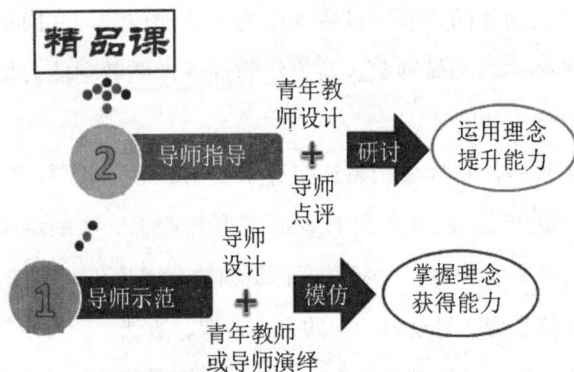

图2-10 "精品课"指导方式

只有这样打磨过的课堂，我们的学生才能在民主、和谐、愉快的教学氛围下生发学习兴趣，愿意大胆提问，敢于质疑，有足够的时间认真思考并探索，各大潜能亦可得以充分挖掘。也只有经历这个过程，参与听课的青年教师才能在对比和反思中发现自己教学方面的长处和不足，从而丰富自己的教学方法，提高自己的教学水平，提升课堂的教学效率。尤其是一起设计、修改、研讨精品课的过程，我们所有青年教师一起思考，学习领会教师教学实践中的问题，一起快速成长。

在这样的"精品课"模式下，青年教师快速成长，课堂质量显著提升。从2010年开始，每两年一届的优质课评比中我们组都有老师获得市一等奖，从未间断，其中三次是一等奖中的第一名。在"一师一优课"评比中也多次获得部级、省级、市级优课（见表2-10、表2-11）。

表2-10 2016—2017年"一师一优课"获奖情况

获奖年份	获奖教师	获奖等级
2016	陈红英	市优、部优、省优
2016	方 圆	市优
2016	宋小飞	市优、省优
2017	饶冬娣	市优、部优、省优

表 2-11　2010—2020 年市优质课评比获奖情况

获奖年份	获奖教师	获奖奖次
2010	陈红英	市优质课一等奖
2012	饶冬娣	市优质课一等奖
2014	杨兵兵	市优质课一等奖
2016	孙晓陈	市优质课一等奖
2018	杨银儿	市优质课一等奖
2018	叶　军	市优质课一等奖
2020	吕灿琳	市网络优质课一等奖

第三节　团队化工作机制，教学工作有创新

一个人可以走得更快，但是结伴而行可以走得更远。在新的教育改革浪潮中，教研组依靠一个人的力量难以在课程研究与开发、课堂设计与创新、教师培养与发展等诸多方面有新的突破。因此，教学教研工作必须发挥团队的作用，用"和合"文化来凝聚成员的力量，以团队来创新教研，以团队来改革教学。

一、骨干教师智能团

学校的扩建扩大了班主任的需求量，科学组教师勇挑重担，组内 80% 以上的年轻教师走上了班主任岗位。单从 2018 级来看，初一 23 个班级中，一共 14 名科学老师，其中 9 人是班主任；在这 9 人中，有 6 人是工作未满 3 年的年轻教师。因此，对于新教师的培养，除了常规教学的磨炼外，班主任技能的培养也迫在眉睫。为了帮助年轻教师迅速进入班主任角色，组内省级班主任工作室领衔人王兴凤老师，区名班主任金国英、吉瑛老师等一起组建了"班主任导师"团队（见图 2-11），开启了组内年轻班主任的培养之旅。

王兴凤　　　　　金国英　　　　　吉瑛

图 2-11　班主任导师团队

　　王兴凤老师是浙江省名班主任工作室领衔人、湖州市吴兴区第二批"享受教育特殊津贴班级管理人才（第一层次）"、湖州市优秀班主任、吴兴区"社会、家长、学生满意的好教师"。王老师在班主任工作上兢兢业业，所带班级多次被评为湖州市、吴兴区先进班集体。从教23年，她对科学教学深入研究，所带班级的科学成绩在各级各类评比中名列前茅。同时，王老师先后担任浙江省农村中小学"领雁工程"初中科学省级骨干教师培训班实践指导教师和湖州市农村中小学"领雁工程"初中科学实践培训指导教师。从教期间，其撰写的教学和德育论文，分别获市一、二、三等奖，并有2篇发表在《教学月刊》上。

　　金国英老师班主任工作经验丰富，多次获得殊荣——全国青少年文明礼仪普及活动优秀辅导员，浙江省"春蚕奖"获得者、区首届人大代表、区优秀共产党员、区最美教师、区教坛新秀、区名班主任，享受区第一层次名班主任特殊津贴。同时，金老师还曾获得湖州市"爱心妈妈"先进个人，作为代表参加"湖州市最具影响力人物"上台领奖并接受央视主持人李小萌访谈。可以用三句话概括金老师的教育人生：在教育上，捧一颗爱心，做一位爱心使者；在教学上，做一位扎根课堂的草根研究者；在教育、教学改革上，实行"小组团队合作教育教学模式"，做一位改革的创新者。

　　"随事潜入心，润心细无声"，一直是吉瑛老师秉承的育人理念。在23年的班主任生涯里，她始终以自身言行浸润学生心田，以绵薄之力积聚点滴力量。所带的班级多次被评为市、区级优秀班集体，撰写的多篇论文、案例在市、区获一、二等奖。她先后获得"区优秀德育导师""区社会、家长、学生满意的好教师""市优秀班主任""市教学能手""吴兴区第一批名教师""吴兴区名班主任"等荣誉称号，享受湖州市"班级管理人才"特殊津贴。在未来的德育之路上，她依旧会满载着爱心、耐心、责任心，与孩子们快乐同行。

　　班主任导师们通过班主任模拟情景大赛、班会课观摩、班级管理经验交流等方式，弥补了年轻班主任在班级管理经验上的欠缺，这是教研组内年轻班主任培养工作的一项创举。正是这种大刀阔斧的改革精神，引领科学教研组渡过了一个又一个难关。

二、青年教师组长团

年轻的教师更容易接受新的理念，这是科学教研组教学改革的一大优势。经验不足，固守常规必定不会长久发展，改革团队的出路。2016 年，由于人事变动，科学教研组组长和初三备课组组长两大重任都压在了参加工作 7 年的饶冬娣老师一人身上。面对教研组的困难，青年教师在改革的道路上总是充满着智慧，饶冬娣老师带领着组内的孙晓陈、叶军、高森三位初出茅庐的年轻教师成立了"组长团"（见图 2-12）。这是一个"智能团"，遇到事情他们群策群力，展现团队智慧。他们不仅是教研工作的主力军，更是教学改革的先锋队，创办了"四中和趣科学"网络公益学堂，开发了多项校本课程，实施了作业改革，扩大了教研组在全市范围内的影响力，促进了教研组教研与教学的双重发展。教研教学改革的成绩得到区教育局的认可，饶冬娣老师也被评为"吴兴区义务教育课程改革先进个人"。

图 2-12　青年教师"组长团"

如今，"组长团"已然成为教研组内青年教师自我发展和提升的摇篮，成员孙晓陈老师现已成为教研组长，高森、叶军老师成为教研组副组长，组长团已经名副其实。"组长团"的内涵也不断深化发展，第一届组长团的成员也逐步成为教研组各级组长团的领军人。如今年的"初三智能团"就是由原组长团成员高森老师带头成立的，他们潜心进行作业改革，成功实现了初三学生科学学习的减负增效。

饶冬娣老师是王耀村网络名师工作室学科带头人、湖州市初中科学课程改革小组成员、侯小英名师工作室室长、吴兴区科学中心组成员。曾获湖州市第十一届教坛新秀、吴兴区第五届教坛新秀、吴兴区"社会、家长、学生满意的好教师"、吴兴区"义务教育课程改革先进个人"。课堂教学独具魅力，在全区乃至全市具有一定影响力，曾获湖州市优质课评比一等奖，浙江省课堂教学评比二等奖，录制"一师一优课"省级优课、教育部优课，并承担2019年春季浙派名师网络直播课。从2010年起，连续10年担任初三毕业班的教学工作，所带班级的科学成绩在各级各类评比中名列前茅。领衔湖州四中科研工作，被评为"市教科研先进个人"，撰写的多篇论文获湖州市一、二等奖，并有论文发表在核心期刊上，负责或执笔的课题多项成果获得湖州市、吴兴区一等奖，是湖州四中的科研达人。

孙晓陈老师现任湖州市第四中学教育集团教研组组长、吴兴区科学青改组组长、吴兴区科学实验改革小组组员、侯小英名师工作室成员。曾获湖州市第十二届教坛新秀、吴兴区第六届教坛新秀、吴兴区"师德先进个人"称号。教学能力突出，曾获湖州市初中科学优质课评比一等奖。实验创新能力突出，曾多次获初中科学教师实验技能大赛湖州市一等奖、浙江省三等奖。在班主任工作方面独具魅力，所带班级各项成绩突出，本人也获湖州市班主任能力大赛二等奖。此外，他多年来一直承担学校资优生科学辅导工作。

高森老师是现任教研组副组长兼任初三科学备课组组长，曾获吴兴区教坛新秀称号，是吴兴区科学青改组成员，被评为"吴兴区优秀党员"。曾获吴兴区优质课一等奖，吴兴区解题能力竞赛、微课制作比赛、论文比赛、实验操作比赛等多个比赛一等奖。也曾获湖州市实验操作比赛一等奖、解题竞赛二等奖等。连续5年担任初三毕业班的教学工作，连续3年担任初三科学备课组组长，引领和促进初三科学备课组不断提升教学质量。

叶军老师是现任教研副组组长兼任初二科学备课组组长。曾获吴兴区教坛新秀称号，湖州市优质课评比一等奖、湖州市创新实验大赛一等奖第一名、湖州市科学即席讲演一等奖第一名、湖州市教师信息技术应用技能竞赛一等奖。教科研能力突出，参与多篇课题撰写，曾获省论文评比二等奖，并有多篇论文在湖州市、吴兴区获得一等奖。多年担任学校初三毕业班科学教学工作、毕业班班主任工作，在资优生培养辅导工作上有丰富的经验。

在团队化工作机制的创新下，科学教研组的教学改革始终走在全区的前列。为了学生的发展，教研组率先探索学生自主学习的模式，建立了基于预习反馈单下的学生自主学习模式；基于学生假期作业低效的问题，科学教研组改革了假期作业的形式，开拓网络辅助教学，让学生在假期也能观看视频讲解，使学生的假期作业能得到及时的批改和反馈；基于学生的兴趣，科学教研组开发了多项校本课程，编写了校本教材，利用社团进行实践探究，再全面铺开，为学生的全面发展打下了基础；基于学科的特点和 STEM 的理念，科学教研组对学科教学不断创新，将科学和 STEM 理念不断融合，让学生有更多动脑动手的时间，不断提高科学素养……

伴随着团队的一次次的创新，一批又一批青年教师迅速成长，先后多人获得湖州市、吴兴区级教坛新秀，还涌现出浙江省科学教研员网络名师工作室学科带头人，学科中心组成员、市科学课程改革小组成员、吴兴区青改组组长、吴兴区青改组成员多人，在近两年市区级大型比赛中，不夸张地说；有一半的第一名都是被科学教研组拿下的，如近两年的课堂教学比武第一名、解题析题第一名、即席讲演第一名、实验创新大赛第一名，等等。科学教研组内有句调侃的话："只要冲出教研组，你就是市里的第一名。"这些都得益于科学教研组的"和趣"团队。如今，青年教师的迅速成长成为吴兴区的一个奇迹，教研组组长、备课组组长都出自当初的"组长团"，虽然教龄都在 7 年以内，却撑起了四中科学学科教学半边天。以过去的 2017—2019 年为例，组内青年教师在各项教师技能竞赛中均获得了优异的成绩（见表 2-12）。

表 2-12　2017—2019 学年"和趣科学"教研组教师技能竞赛获奖情况

单位：人

年　份	区　级			市　级			省　级	合　计
	一等奖	二等奖	三等奖	一等奖	二等奖	三等奖		
2017	10	7	3	5	1	4	1	31
2018	11	15	14	5	3	1	6	55
2019	9	17	18	3	4	6	3	60

　　除此之外，组内青年教师在教学实践中不断将反思与总结形成文字资料，组内教研氛围浓厚，教师的科研意识增强，科研水平得到了明显的提升。2017—2019 年，组内有多篇论文在省、市、区比赛中获得优异成绩，并有多篇论文发表（见图 2-13）。

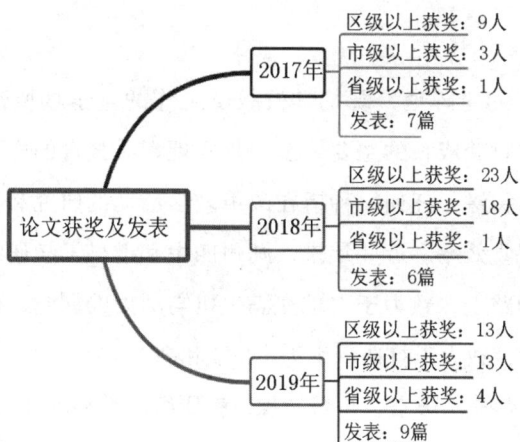

图 2-13　2017—2019 年论文发表及获奖情况

　　"山高自有客行路，水深自有渡船人"，面对重重困难，"和趣"科学团队迎难而上，把压力化为牢不可破的团队凝聚力，在一次次的创新突破中形成了独特的"和趣"科学团队文化。如果把团队比作激流勇进的宝舰，那么团队文化就是守护航向的导航仪，护航团队朝着"和趣"的方向持续前行。

第三章

以生为本，打造"和趣"课堂

　　课堂，是教学的主阵地，既是学校教学工作的基本场所，也是学生获取知识、提高能力和收获成长的主要渠道，是实现素质教育的主要着力点。课堂是提高教学质量的关键，任何一种旨在改革教学活动的研究和实践，都直接或间接地指向提升课堂效率。近些年来，湖州四中和趣科学教研组一直行走在探索课堂教学改革的路上，致力于追求充满生机与活力的课堂，致力于构建高品质、高效益的课堂，致力于打造以生为本的"和趣"课堂。

　　课堂改革的道路充满艰辛、布满荆棘，教研组内教师反复叩问：如何全面提升科学教育教学质量，促进学生全面发展？如何把初中新课标提出的学科核心素养落实到课程以及教学中去？如何适应从知识目标向能力和素养目标的转变？

　　在"和合共生"校园文化的引领下，湖州四中和趣科学教研组结合科学学科的特点，聚焦学生的核心素养，逐渐形成了"和趣"课堂理念，用师师之和、师生之和、生生之和组建课堂，实现了学生的"趣学"，在趣学过程中发展学生的核心素养与关键能力。

第一节 "和趣"课堂的理念

"和趣"课堂倡导"以生为本"的教学理念。以学生为本就是要以实现学生全面发展为目标，从学生根本出发，确立学生在教育活动中的主体地位。主要包括：①以学生本体为本，教育本质就是一种培养人的活动；②以学生发展为本，以学生的进步发展为理念；③以学生整体为本，让全体学生都得到发展。

"以生为本"的课堂教学理念要求教师尊重学生的个性差异，遵循受教育者的身心发展规律，重视学生自身的价值及其实现，致力于培养学生自尊、自信、自爱、自立、自强的意识，促进学生自身的发展与完善。"和趣"课堂中"以生为本"课堂教学理念的落地，应以以下四项措施为基点：激发学生学习兴趣，注重小组合作，尊重学生个体差异，树立学生主体意识（见图3-1）。

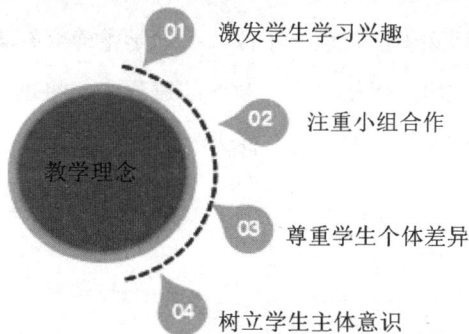

01 激发学生学习兴趣

02 注重小组合作

教学理念

03 尊重学生个体差异

04 树立学生主体意识

图3-1 "和趣"课堂的理念

一、激发学习兴趣

孔子有云："知之者不如好之者，好之者不如乐之者。"学习有三层境界"知""好""乐"，而"乐"已然属于最高境界。"乐"即兴趣，兴趣促使学生力求认识新事物，吸引学生积极参与某种活动。学生一旦对学习有了兴趣，就不会把学习看成沉重的负担，而会主动学习、获取知识和技能。兴趣，是学生学习的最佳内驱力。

"和趣"科学课堂以趣引学，以趣激学，以趣促学，促使学生主动地参与课堂，积极地探索新知，多角度地解决问题，促进学生科学能力的提升以及逻辑思维能力的发展。实现学生的趣学应具备以下五要素：①重视学生的动手实验，变教师演示为学生演示，变课堂演示实验为学生分组实验，通过两大转变，调动课堂趣味性，让学生在做中学；②重视知识的形成过程，由具体到抽象、由浅入深、由易到难、由简到繁、由低级到高级，循序渐进，逐步引导学生构建知识体系；③重视培养学生的思维方法，首先要将学生放在主体地位，让学生自己学会学习、学会探索，这样才能真正让学生的思维得到发展；④联系生活，启发学生思考，可利用"课堂导入聚焦生活""课堂学习连接生活""课堂结束回归生活"三个科学课堂生活化教学手段，帮助学生建立知识与生活之间的联系；⑤引导学生学以致用，促使学生在学习的过程中，将理论知识应用于生活实践，不断培养学生解决问题的能力，促进学生创新精神和实践能力的提升。

二、注重小组合作

学习交往理论认为：多项交往的组织形式，信息交流量大，交流渠道多，有利于形成积极的课堂气氛，有利于课内信息的沟通，有利于学生互帮互学，有利于发展学生的思维。师生、生生之间相互补充、相互启发、相互评议，能达到训练思维品质、发展学生智力的目的。各种研究表明：高质量的合作学习，胜过个人学习。

小组合作模式有助于学生成长为课堂的"主人"。在学本课堂视野下，师生关系是民主平等的合作学习关系，应主张师生通过自主学习来建构知识。强调师生关系为"大小同学"关系，教师与学生在学习过程中要平等交往、真诚交流、合作探究，营造民主、和谐、人文的合作学习氛围。除了师生间的合作，学生间的小组合作也是"和"的表现。小组合作提高了每一位同学的课堂参与度，在合作中学习，真正形成"和趣"课堂。

例如，利用小组合作交流的形式进行作业的讲评，学生利用集体智慧去解决问题。经过学生之间的讨论自主解决问题，在合作中学习与进步，满足不同层次学生的要求。学生面对所提出的问题，共同开动脑筋，积极探究，解决实际问题。他们在探究过程中积极发挥各自的优势，通过交流讨论、探究合作，共同解决问题。当然，在探究、合作的过程中，学生会充分发挥眼、手、耳各个器官的功能，全身心地投入到合作交流过程中，学习效果大大提高。

基于小组合作的优越性，湖州市第四中学教育集团和趣科学教研组经过充分的调研、筹备，由组内的浙江省名班主任工作室领衔人王兴凤老师和吴兴区名班主任金国英老师开始进行课堂教学改革工作，首次实行了"小组团队合作教育教学模式"，取得了良好的教学成效。近年来，小组合作在科学教研组内全面铺开，并辐射影响到校内其他教研组的课堂教学以及班主任管理工作。

三、尊重学生个性差异

美国教育学家、心理学家加德纳提出多元智力理论（multiple intelligences theory)：智力是解决某一问题或创造某种产品的能力，而这一问题或这种产品在某一特定文化或特定环境中被认为是有价值的。就其基本结构来说，智力是多元的，每个人身上存在八项智力，即语言智力、数理逻辑智力、音乐智力、空间智力、身体运动智力、人际交往智力、自我认识智力以及自然观察智力。

根据多元智力理论，我们必须认识到学生智力的多样性、广泛性和差异性，要把培养学生的多种能力放在同等重要的地位。每个学生的智力都有自己独特的表现形式，有自己的智力强项和学习风格。因此，教师应该根据学生的智力特点进行教学，要善于针对不同智力特点的学生，尤其是要根据学生智力结构中的优势智力，采用多元化的教学模式和教学方式。教师应对所有的学生抱有热切的成长希望，充分尊重每一个学生的智力特点，使教学真正成为愉快教学、成功教学，使不同的学生都能得到最好的发展。

"和趣"课堂教学目标的设置要科学合理，要有机统筹学生的个体差异，能很好地优化教学，促进学生全面发展。在教学过程中，教师要注重学生的个体差异性，抓住每个学生的优势，因材施教，扬长避短，长善救失。教师要了解每个学生的知识储备，哪些学生知识掌握较好，哪些学生能力较弱，针对不同学生的最近发展区，科学合理地设计一些问题，以面向全体学生。

"和趣"课堂教学方法要多样，例如在实验技能教学中，思考哪些教学方法可以更好地突破教学中的难点，哪些教学契机可以引导学生，哪些教学临界点可以设置障碍，等等。"学无定法，贵在得法"，用科学的方法教学生，思考某个知识或者这节课对学生有什么教育意义或者启发作用，使学生从真正意义上感受到学习的获得感与成就感。

四、树立学生主体意识

主体意识，是指学生对自己在教学活动中的主体地位的认识及主观能动性发挥的内在要求。强化学生的主体意识是发挥学生能动作用的主要环节，是素质教育的重要组成部分。"和趣"课堂中应注意培养学生的自主学习能力和自我评价的能力，注重对学生学习兴趣、良好行为习惯与情感态度价值观的培养。

"先生的责任不在教，而在教学生学"，这是使学生由"学会"变成"会学"的过程，是教师实现"教是为了不教"的过程。在这个过程中，教师不仅要教知识，更重要的是要教规律、教方法。这是教师主导作用的集中体现。

总而言之，"和趣"课堂要求课堂实现教学的开放性、师生关系的民主性、教学模式的多样性和教学手段的现代化。在"以生为本"教学理念的浸润下，

"和趣"科学课堂运用多种方式激发学生的学习兴趣,实行小组合作教学,尊重学生个性差异,树立学生主体意识,想方设法地让课堂教学"动"起来,真正把学生变成课堂的主人,促进学生的全面发展。

第二节 "和趣"课堂的原则

"和趣"课堂提倡在教学活动中将学生放在教学活动的主体地位，发挥学生的能动性，让学生能够在科学课堂上积极参与、勇于实践，使科学课堂成为学生敢于创新、质疑探究的重要阵地。为体现"和趣"课堂"以生为本"的理念，教学时需要凸显四大基本原则（见图 3-2）：探究性原则、启发性原则、合作学习原则、因材施教原则，激发学生的探究精神，探索科学本质，促进学生主动有效的学习。

图 3-2 "和趣"课堂的原则

一、探究性原则

所谓探究性原则，就是教师引导学生在好奇心驱使下，以所要解决的问题为基础，将所学和将要学习的知识投入内容丰富的学习中去。探究性原则，能够将学生从被动地接受知识的学习方式转化为主动积极地获取知识的学习方式。

在"和趣"科学课堂教学中，应用探究式教学方法的同时，也要遵循其原则。一切探究性原则，在教学中的应用都要以学生为中心，要设计有利于提高学生学习兴趣的教学方式，不能生搬硬套。学生是课堂的主体，只有学生提起兴趣学习并加以钻研，才能达到最佳的课堂状态。要使探究性原则在科学教学中取得一定成效，科学教师首先要做到了解所有学生原有的知识水平和知识架构，其中包括学生对于科学概念的理解程度，公式、原理应用的熟练程度等。了解这些，不是为了针对某一方面进行改善，而是为了创建出更好的传授知识的方式，使得学生能够在解决问题的同时，通过探究精神，对知识进行更加深层次的理解。其次，要了解学生的兴趣，从学生的兴趣出发，搜集一些能够引起学生探究心理的情境来引发学生的求知欲，同时对学生进行适当的点拨，引导学生自主解决问题。只有这样正视学生的主体作用，真正意识到教学是教师和学生的有效互动，才能真正将探究性原则更好地运用到教学中去。

案例 3-1

"指南针为什么能指示方向"教学片段

1. 问题

条形磁铁的磁极在它的两端，那么不同外形的磁铁的磁极一定都在离中心最远的两端吗？

2. 学生活动

（1）观察与思考。观察球形磁体、椭圆形磁体、环形磁体，猜猜它们的磁极位置分别在哪里？（按照猜想先在图 3-3 中标一标不同形体的磁铁的磁极位置）

图 3-3　球形磁体、椭圆形磁体、环形磁体

（2）小组讨论。你准备用什么方法来确定它们的磁极位置？

（3）学生实验。①在桌面上铺一张白纸，将瓶中的铁粉倒在白纸中央；②用保鲜膜将三块磁铁包裹起来，并在外面贴上标签纸；③将三块磁铁分别在铁粉中滚一圈，然后拿出来观察磁铁上铁粉的分布情况，并记录；④根据铁粉分布情况判断磁极的位置，并标在标签纸上；⑤按照实验结果在图中标一标磁极位置，与前面猜想对照并与小组同学交流；⑥剥去磁铁上的标签纸和保鲜膜，把铁粉抖回白纸上，并把白纸上的铁粉倒回瓶中。

3. 现象解释

磁体的磁极是指磁体上磁性最强的两端，并非一定在离磁体中心最远的两端。我们判断一个磁体的磁极位置，一般有两类方法：一是通过实验找出磁性最强的部位，即为磁极；二是利用磁体在磁场中的指向性来判断它的磁极位置。

在学习"磁铁的磁极在哪里"这一内容时，通过提出实际问题"不同外形磁铁的磁极一定都在离中心最远的两端吗"创设疑难情境，引发学生的深层思考，并引导学生对问题进行合理的猜想，让学生自己动手设计和开展实验，验证猜想，得出结论。环环相扣，启发了学生思维，深化了学生对知识的理解，而不是让学生简单地记住磁体有两个磁极。

二、启发性原则

《论语·述而》有言："不愤不启，不悱不发。举一隅不以三隅反，则不复也。"朱熹对孔子的话这样解释道："愤者，心求通而未得之意。悱者，口欲言而未能之貌。启，谓开其意。发，谓达其辞。物之有四隅者，举一可知其三。反者，还以相证之义。复，再告也。"这是启发性原则的内涵：教师在教学工作中依据学习过程的客观规律，运用各种教学手段充分调动学生的学习主动性、积极性，引导他们独立思考，积极探索，生动活泼地学习，自觉地掌握科学知识和分析问题、解决问题的能力。

课堂上进行启发式教学要抓住课堂教学中的每个环节，找出各个环节的关键和要害，一个个"启"、一层层"发"，环环紧扣，使发散思维和收敛思维相结合。另外，进行启发式教学时，要像"知时节"的春雨，也就是说启发要及时。要做到启发及时，就要注意创设"愤""悱"的情境。通过必要的设疑、铺垫等一系列的启发、诱导，把学生带入"心求通而未通，口欲言而未能"的境界。这时候，学生注意力高度集中、思维高度紧张，而教师只要抓住其本质稍加点拨，启发的效果就会更明显。

案例 3-2

"有机物和有机合成材料"教学片段

【设计实验来验证有机物（丁烷）燃烧产物中含有二氧化碳】

生（实验）：用打火机点燃丁烷气体，尽量让火焰伸入烧杯内部，快速滴加20 滴澄清石灰水，并振荡。

师：实验中你观察到了什么现象？

生：澄清石灰水变浑浊。

师：澄清石灰水变浑浊一定是丁烷燃烧产生 CO_2 吗？

生：可能是空气中的 CO_2 使石灰水变浑浊。

生：可能是温度升高，$Ca(OH)_2$ 溶解性降低而析出。

师：同学们说的都有道理，能否设计实验进行检验？小组讨论。

师：如何检验是不是空气中的 CO_2 使石灰水变浑浊？

生（实验）：另取一只烧杯，滴加等量的澄清石灰水，一段时间后进行观察。

师：实验中，你有什么发现？

生：烧杯中澄清石灰水没有明显的浑浊现象，证明与空气中的 CO_2 无关。

师：如何检验是不是温度的影响？

生：将变浑浊的石灰水冷却到室温，观察是否仍然浑浊。

师：你发现了什么？

生：石灰水仍然浑浊，证明不是温度的影响。

师：你能得出什么结论？

生：澄清石灰水变浑浊是由于丁烷燃烧产生了 CO_2。

丁烷燃烧产生 CO_2，科学课中用使澄清石灰水变浑浊来检验，常规教学往往到此为止。为了启发学生思维，案例中创设性提出问题，"澄清石灰水变浑浊一定是丁烷燃烧产生 CO_2 吗？"引导学生进行质疑和分析。温度的变化、空气中含有 CO_2，都是可能的原因。"如何排除这些因素的干扰？""如何检验是不是温度的影响？""实验中你有什么发现？"通过设疑和问题链的铺垫，引导学生通过思维碰撞设计检验方法，通过实验操作体验感性认知，在启发式教学中使学生高效的学习。

三、合作学习原则

合作学习（cooperative learning）是一种团队合作的方法，把学习过程最不好的学习行为、情绪最小化，能高效能地提高一个团队在学习工作中的学习效果和满意度。大量的研究证实了合作学习在基础教育中的有效性。相对于传统的教学方式，合作学习教学中学生往往表现出更好的学习状态，有更好的推理和批判性思维，能深入学习材料，更专注于任务学习，有更少的破坏性行为、低水平的焦虑和压力，有更好的人际关系、更大的内在驱动力。

尽管合作学习有这些好处，但教师在尝试合作学习时，经常遇到学生不会合作、不知道做什么任务，甚至不会表达、说话没有重点、欠缺倾听能力等问题。所以，在"和趣"课堂中需要贯彻真正意义上的合作学习原则。根据美国明尼苏达大学的约翰逊兄弟提出来的合作学习理论，合作学习是一种教学方式，要求学生在以下条件（见图3-4）下，以小组为单位，完成一个共同目标。

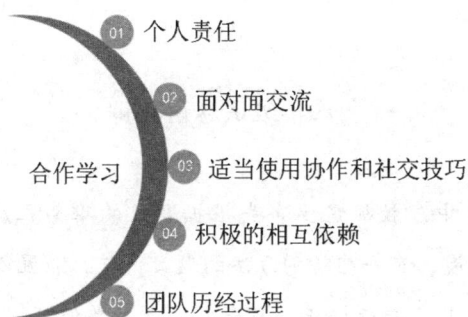

图 3-4　合作学习五大要素

　　①个人责任：小组中所有的学生都有责任完成自己那份工作，并掌握所有要学习的材料。比如，个人的学习单、预习单、检测单。②面对面交流：虽然有些小组工作可以单独分配和完成，但有些工作必须以互动的方式完成。比如，小组成员之间或者不同组间的任务互动、分享、讨论、反馈、建议、挑战推理和结论，最重要的是互动时的相互教导、欣赏和鼓励。③适当使用协作和社交技巧：鼓励帮助学生发展和实践信任、领导、决策、沟通和冲突管理等技能。④积极的相互依赖：团队成员必须相互依赖才能实现目标，这依赖包含材料、任务、角色等。⑤团队历经过程：团队成员设定团队目标，定期评估、反思他们在团队中的表现，并确定他们将做出改变，以便有更好的、更有效的合作。

　　合作学习不是简单地给学生分配角色、分配任务等，不是"小组学习"的同义词。只有在这五个要素存在的情况下，学习活动才算是"合作学习"。例如，试卷讲评课是科学课堂中的一种课型，但如果只是教师平铺直叙地讲解，课堂往往会变成教师的一言堂，缺乏学生的参与，课堂教学效率并不高。此时，融入小组合作方式进行试卷讲评将有事半功倍的效果，可极大程度地调动学生的兴趣与参与度，激发学生积极主动地思考、讨论，解决问题，学生的参与面会非常广泛，基本上可以做到班级全员参与思考。

案例3-3

八年级试卷讲评课

一般一张试卷中，教师需要事先根据题目的难易程度，圈定一些需要讲解、可以有一定拓展、有一些特别方法的题目。并且布置以下要求：

①组内对这张考卷进行订正，有疑问的题目要做好记号；②小组要讲解的题目，要思考：题目中的关键词是什么？有隐藏的条件吗？是什么？用到什么知识？需要借助图吗？可以拓展的，稍加拓展；③小组在课上讲解时，其他同学要及时发现问题，提出问题，这也会为自己的小组加分；④将题目分好，小组马上开始讨论，订正试卷。有学生利用课间就主动到老师这来先讲自己的想法，不再是等着老师给答案、记笔记了。课上小组成员一个个地上讲台讲题，讲解得有条有理，遇到困难还会寻求其他同学的帮助。其他听的同学为了发现一个问题，听得也很认真。教师在边上稍加补充鼓励。

"圈定需要讲解的题目"，可以明确个人责任、分配任务。"明确讲解的要求"，可以使学生不管是在讲还是在听，都能在过程中学会读题审题、运用知识解题。"组内对试卷进行订正"增加了学生面对面交流的机会，促进小组成员间相互协调与沟通。"运用加分的形式鼓励提问和质疑"，可以使成员反思在团队中的表现，同时让其他学生更专注于听讲，不只是走个过场，习题讲解也更具实效性。多变的习题讲解形式，基于学生素养的合作学习，真正将课堂还给学生，这样还会是一节枯燥的试卷讲评课吗？

四、因材施教原则

因材施教原则是指在教学中，教师要既面向全体学生，又要根据学生的个性差异，从学生的实际情况出发，有的放矢地进行教学，使每个学生都能扬长避短，获得最佳的发展。

依据因材施教原则，教师在设计课堂教学活动时，不仅要根据学生来组织教学，还要考虑到教材的因素、学习过程中的情况和教师的自身条件。也就是，因材施教要针对学习的人和施教的人的能力、性格、志趣以及教材的特点、教学时情景的不同去施行不同的教育。正如世界上没有两片相同的树叶，一个班级里有几十个学生，其禀赋、知识基础不可能完全相同。教师应了解这个班学生的兴趣爱好、知识基础、智力因素（观察力、思维力、想象力、注意力、记忆力等）和非智力因素（兴趣、感情、意志、毅力等），然后把班上学生分成几个层次，制订授课计划。给不同层次的学生传授不同要求的知识，提出不同的要求。教师只有树立因材施教的指导思想，才能精心设计教案，让资优生"吃好"，中等生"吃饱"，潜力生也有收获。在分层教学中，教师既要注重学生的共性，也要注意学生的个性，做到共性与个性的相结合。对潜力生要严爱结合，让他们在课堂上多提问、多练习、多辅导、多启发，发现他们的闪光点，及时恰当地表扬，增强他们的自信心和学习科学课程的兴趣。对学有余力、思维灵活的学生，可以布置一些富有思维含量的任务，满足他们的求知欲。要把集体教学、分组讨论与个别指导有机结合起来，最大限度地调动学生的积极性、主动性，使每个学生的知识、能力不断提高，使每个学生的聪明才智得到发展，充分体现学生在学习中的主体性。

案例 3-4

"透镜和视觉"教学片断

在"探究凸透镜成像规律实验"中，对于学习能力较弱的学生，要求按照教师所给的物距，移动光屏，找到清晰的像，记下像距和像的特点。对学习能力较好的学生，要求自行移动蜡烛和光屏的位置，直到光屏上出现要找的像，再记下此时的物距和像距，从而分析得出规律。甚至最后还可以补充一些拓展性实验，如：用一张纸将透镜遮住一部分，像有何变化？当凸透镜成实像时，随着物距的减小，像距是怎样变化的？像的大小如何变？将烛焰左移或上移，像将向哪边移？

案例中主要根据学生的知识基础和学习能力进行分组，学习能力较好的学生往往动手能力相对较强，思维也比较敏捷，对他们来说，一般的学习任务完成的难度较小。而增加了这些挑战性问题之后，大大激发了学生的学习兴趣和乐趣，解决了"吃不饱"的问题。对于学习能力较弱的学生只要求他们按课本要求完成规定的实验内容，规范操作，能养成良好的实验习惯和实事求是的科学态度，从而也解决了"吃不了"的问题。

第三节 "和趣"课堂的三种类型

一、"和趣"课堂之新授课

良好的开端是成功的一半。新课带给学生的"首因效应"会直接影响学生的学习兴趣、学习情绪、注意力等。新课是学生能动性、自主性、创造性得以发挥和提高的一个必要平台。

现在大部分的新课看似热闹，但课堂还是教师的主场，学生的主体地位只通过表面的互动来体现；教师缺乏对学生前概念的合理利用；课堂缺乏节奏感，没有高效运用课堂时间；课堂形式单一、缺乏层次、气氛沉闷；学生的知识框架搭建不系统，核心素养只得到低层次、低维度的发展。

在新课教学中如何实现"以生为本"？科学"和趣"课堂应注重以下几个方面。

（一）了解前概念，准确定位教学起点

前概念是学生课前对所学知识的已有认知。如果新课要建构的科学概念和学生的前概念比较一致，学生就容易掌握；反之，学生就会难以理解。在实际教学中，教师要提前了解学生的前概念，准确定位教学起点，及时调整自己的教学设计，在教学中做到有的放矢，从而提高课堂教学效率。

科学老师要善于从新课的教学内容出发，根据学生的前概念合理选用教学材料，促进各项教学内容顺利开展，帮助学生顺利建构科学概念。教学的关键点应该是学生将已有的认知结构与所学知识相联系，建立一个新的平衡状态，建构清晰的科学概念。

案例 3-5

"大气压"教学片段

1. 提出问题

用吸管喝饮料时，饮料是"吸"上来的吗？

2. 生活情境实验创设

选用两个规格相同的玻璃瓶，装上相同质量的水，甲瓶中的水与大气相通，乙瓶的瓶口用带有硬质导管的橡皮塞塞住（见图 3-5）。这样，甲乙两组对照，请学生尝试把饮料"吸出来"。

甲　　　　乙

图 3-5　吸管"吸"饮料实验

3. 实验结果

乙瓶中的水"吸"不上来，甲瓶中的水可以吸上来。

4. 现象原因

甲瓶中的水与大气相通，当用嘴将吸管内的空气吸出时，管内气压减小，大气压作用在瓶内的液面上，饮料在大气压的作用下通过吸管进入口中；乙瓶的瓶口用带有硬质导管的橡皮塞塞住，没有大气压的作用，无法将饮料压出。因此，饮料不是被"吸"上来的，而是被大气压"压"上来的。

在学习大气压知识时，由于气体看不见摸不着，学生往往体会不到大气压的存在，在"吸管吸饮料"的问题中，学生的前概念是"饮料是被吸管'吸'上来的"。教学以此为起点展开，进行情境创设。通过将甲乙玻璃瓶中饮料"吸"出来的活动，学生会发现，即使都有"吸"的过程，乙瓶中的饮料也"吸"不上来，甲瓶中的则可以，进而产生认知冲突，质疑前概念，思维被激活。将前概念准确定位为教学起点后，在教学时就能更加有的放矢，学生的迷思概念转化成为具象情境、可操作性任务，学生对科学概念会有更清晰的建构。

（二）合理规划时间，提高课堂教学效率

课堂时间分配过程中很重要的一点就是"以质代量"地分配课堂教学实践。实际课堂的前 15 分钟是学生注意力最集中、学习兴趣最高涨的时间，是一节课的"黄金时段"，在这个时间段教师应该适时地设计重点教学模块来突出本节课的重点内容；而 30 分钟后的课堂应设置相对较为轻松的讨论、活动等参与性强的教学内容让学生巩固新知；最后 5 分钟则可以让学生结合生活实践谈谈对新知的理解。在有节奏感的课堂中，学生能体验到轻松与快乐。

同时，在课堂中还应优化时间结构，减少无谓的时间消耗，如教师应控制自己喋喋不休的讲解，减少与学生闲聊的时间，对一些耗时较长的实验或活动可做改进与创新，特别是要增加学生的"自主时间"，即增加学生思考与质疑的时间、探究与合作的时间。要根据教学内容、学生认知特征以及学习环境，灵活应用不同策略，合理分配时间，优化课堂效益。

案例 3-6

"熔化与凝固"教学片段

1. 创设情境，引入新课（5 分钟）

为什么下雪不冷，化雪冷？物质熔化时温度是不是会改变呢？

2.新课教学，探究新知

（1）建立熔化概念，熔化吸热。（5分钟）

（2）探究"固体熔化时温度变化的规律"。（25分钟）

①提出问题：熔化后温度会不会改变？是不是每一种物质熔化时温度都相同呢？②明确设计的实验：冰和固态植物油的熔化。

【任务一：设计实验方案】

思考：需要哪些器材？观察和记录什么？

组内分工如表3-1所示。

表3-1 "固体熔化时温度变化的规律"组内分工

组长 _____ 组内分工、统筹安排
计时员（1人）：听到0.5分钟的打铃，提醒观察员观察
观察员（3人）：每0.5分钟根据计时员提醒观察温度计的温度
记录员（1人）：根据观察员的读数填写实验数据

★ 特别提醒：先读出0时刻的温度（起始温度），再将器材拿出，水浴加热，同时计时；当温度达到18摄氏度时，停止实验。

【任务二】 进行实验，完成熔化实验表格（见表3-2）。

表3-2 "固体熔化时温度变化的规律"实验记录

时间/分	0	0.5	1	1.5	2	2.5	3	3.5	4	4.5	5	5.5
温度/℃												
时间/分	6	6.5	7									
温度/℃												

【任务三：画熔化曲线图】

将实验获得的数据在方格纸上描点（见图3-6），并比较不同组绘图的差异，进行交流与点评。

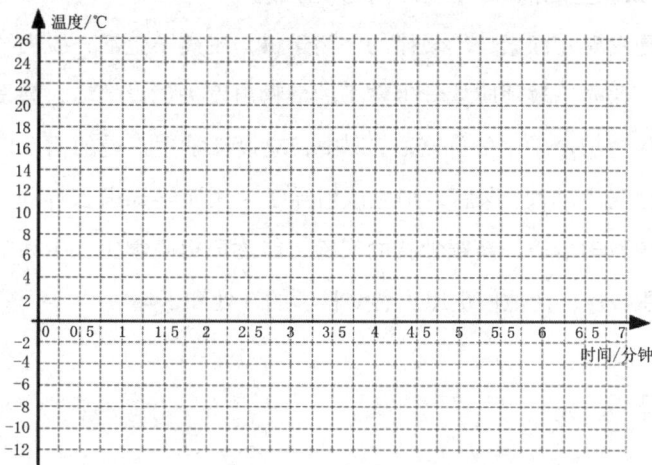

图3-6 "固体熔化时温度变化的规律"曲线

（3）认识熔点和凝固点。（5分钟）

3. 联系生活，答疑解惑（5分钟）

"下雪后，为什么要在路面撒盐？"

联系生活情景，灵活运用本节课所学内容解答。

老师们在上这节课时会有这样的体会，在40分钟内为了完成教学任务，实验过程显得过于仓促，有的学生还没有完成实验就不得不停止。实验过程中出现的各种问题，如学生的数据是否合理？读数方法有无误差？画图像时出现了什么错误？学生都没有时间进行充分交流讨论。

为了有充足的时间供学生完成实验，在时间分配上，本节课将25分钟放在了对于"固体熔化时温度变化规律"的探究上，突出重点，以学生为主体，让学生亲身体验和建构知识；为了解决松香熔化时间较长的问题，设计中创新了书本实验，用普通塑料瓶倒入饱和食盐水制作冰瓶，用温度计套上加水的塑料保护壳制作温度变化探测器，熔化过程只需短短 5 分钟，耗时少，解决了不能在短时间内完成实验的困扰，提升了课堂学习效率。

（三）来源生活情境，激发科学学习兴趣

科学是发现并探索自然规律的一门学科，脱离了生活，脱离了环境的教学并非科学。课前，教师应从学生熟悉的事物出发去创设情境，激发学生的兴趣和动机，尽力满足学生的好奇心；课中，应设计学生喜爱的活动以调动学生探究的积极性与主动性；课后，则应该引导学生用所学知识去解释生活，发现规律。有趣的教学情境、新颖独特的实验，能逐渐提高学生在生活中主动发现科学知识的积极性，使他们更愿意感受科学的妙处和乐趣。

案例 3-7

"汽化和液化"教学片段

【活动一：在学生手上擦点酒精】

师：你有什么感觉？酒精怎么不见了，变成了什么？

生：冰凉，变成了气体。

师：这种现象叫作什么物态变化？

生：汽化。

【活动二：教师对着玻璃哈气，观察玻璃上有什么变化？导出"液化"】

师：生活中还有哪些常见的汽化与液化的例子？

生：眼镜片上的雾、烧开水的水汽、冬天玻璃上的水珠……

案例中，列举生活中常见的汽化与液化现象。不但巧妙实现了新课的导入，更调动了学生思考的积极性。学习兴趣的激发，是主动建构知识的先决条件。这种自然的"生活化"课堂的构建，能增强知识的熟悉感和亲切感，帮助

学生在已有经验基础上实现对"汽化"与"液化"两个物理概念的理解，提升学生运用科学知识来解释生活问题的能力。

（四）巧用教学策略，突破课堂重难点

教学过程中常会看到这样的情况：教师为了讲清楚某一个重难点，会用大量的语言一遍又一遍地解释给学生听。尽管教师讲得口干舌燥，但学生还是听得云里雾里、似懂非懂，教学效果并不理想。这种低效率、低质量的教学现象产生的主要原因，就是教师在突破重难点时缺少有效的策略、方法，学生的思维没有被激活。

其实，突破教学难点的策略很多，可以加强演示实验，通过学生的观察、实践，让学生丰富感性认识；可以运用反向建构的方法，由果及因，有效突破；可以设置情境，增强学习内容的代入感；可以采用学生互助讨论的方式，引导合作探究；可以把难点化解成问题形式，进行逐层剖析。

案例 3-8

"大气压"教学片段——演示覆杯实验

师：你观察到了什么？

生：纸片没有掉下。

师：你能解释观察到的现象吗？

生：纸片是被水粘住了。

生：纸片被大气压托住了。

师：能不能设计实验检验是哪个因素的影响？

生：把其中一个因素去掉，假如纸片是被空气托住的，那么没有空气纸片就会往下掉。

师：如何去掉空气呢？

生：可以设置一个密闭的环境，抽去内部空气。

师：你见过类似的装置吗？设计实验方案。

演示玻璃钟罩实验，用热熔胶和线将杯子固定在玻璃钟罩内。

师：请同学们注意抽气前后纸片的变化，你们观察到了什么？

生：没有抽去玻璃钟罩内的空气时，硬纸片不会掉落；抽去玻璃钟罩内的空气，硬纸片掉落。

师：你能解释原因吗？

生：硬纸片不掉落是靠大气压托住的。抽去空气后没有大气压力，纸片由于自身重力和水的压力而掉落。

"覆杯实验"是一个典型的力学实验。做好这个实验是验证"大气压存在"教学活动的关键。学生看到纸片没有掉下来会产生两种争议观点：纸片是被水粘住了、纸片被大气压托住了。这两种观点都符合学生的认知规律。事实上，"纸片是被水粘住了"是更直接的生活经验，教学时不能轻易否定其一。面对这一重难点，需要改进教学策略。"假如纸片是被空气托住的，那么，没有空气，纸片就会往下掉"，通过反向建构引导学生小组合作探究，借助声音不能在真空中传播实验作为"支架"，以玻璃钟罩构建真空的环境，创新实验设计。通过实验演示，学生直观地认识到在覆杯实验中，若没有大气压，纸片会掉下去，从而有力地证明了是大气压把纸片托住了，进而顺利地完成知识的建构。

（五）依托板书设计，实现知识有效建构

板书是教学中一种重要的教学媒体，板书艺术是教学艺术的有机组成部分。现代教学媒体的大量涌现，不仅没有使板书退出教学课堂的舞台，反而更加彰显出其不可替代的特点与优势：板书有长时间向学生传递信息的作用，具有与实物不同的直观作用，具有灵活性；板书有示范与审美作用。好的板书需要精心设计，严谨布局且主次分明，要反映出教学内容的重点和层次，这样才有利于学生对知识的系统性建构。

案例 3-9

"物质的构成"教学片段

板书如图 3-7 所示。

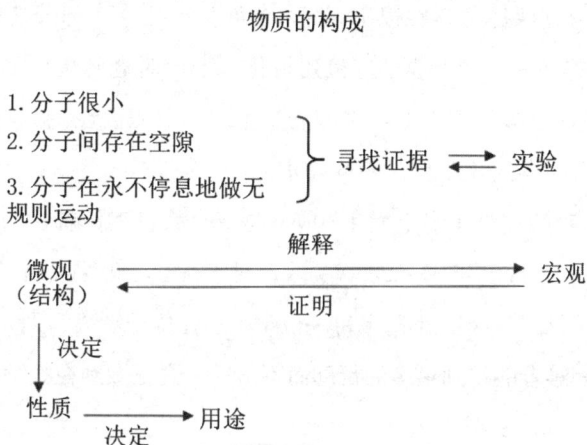

物质的构成

1. 分子很小
2. 分子间存在空隙
3. 分子在永不停息地做无规则运动 } 寻找证据 ⇌ 实验

微观
（结构）　　——解释→　　宏观
　　　　　　←证明——

↓决定

性质　——决定→　用途

图 3-7 "物质的构成"板书设计

这节课的板书布局得当，逻辑清晰，不仅有知识层面的总结，还有更深层次方法与情感的挖掘。紧握教学重难点，明暗线交织，能起到指点引路的作用。

知识层面，突出分子理论的基本观点：分子是构成物质的一种微粒，分子极小，分子间有空隙，分子在永不停息地做无规则运动，分子的运动快慢与温度有关。

在方法上，凸显微观与宏观的联系，对微观世界的认识我们可以借助宏观实验来寻找证据，宏观的现象又可以用微观的知识来解释。引导学生由形象思维向抽象思维过渡。

情感层面，融入"结构决定性质，性质决定用途"的重要观点，升华主题，认知物质的微观结构才能改变其结构，进而改变其性质，最终创新材料，服务生活。

二、"和趣"课堂之习题课

习题不仅可以帮助学生巩固基础知识，深入理解概念，进一步掌握基本规律，还能培养学生分析问题、解决问题的能力，能培养学生思维的深刻性、发散性、灵活性、全面性和独创性等。因此，习题课在教学中具有不可替代的作用。

教师对习题课往往存在以下误区：备课简单化，大部分老师对习题课只是进行做题对答案的简单备课；过程死板化，上课时老师更多的是在进行"满堂灌"，没有设计更多的组织形式来调动学生的学习积极性；效率低下，单一的课堂模式没有顾及各层次学生的不同需求。

"让学习真的在学生身上发生"应当是每个教育工作者长期思考和探究的课题。科学教研组经过多年的探索和实践，对于科学习题课提出了一套行之有效的教学新模式（见图3-8），不落下每一位学生，让优秀者成为别人的老师而走向卓越，让学习困难者能得到更多的帮助而不落后，真正做到在教学中扶尖补差。

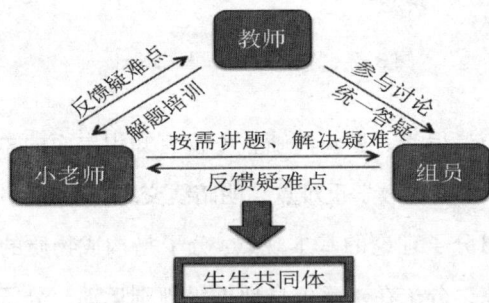

图 3-8　生生互助共同体模式

（一）组建小老师团队，营造合作氛围

生生共同体充分发挥学生的主体作用，彻底摆脱因学生多，教师只有一人，而无法辅导到每一名学生的困境。通过多年的实施观察，如果一个班从初一就开始培养，那么学生的自主学习能力和合作学习能力就会得到提升。在按需讲题的大前提下，抓住自己的错题分析理解到位，同时各个层次学生的学习

需求都尽可能能被满足，对学生对教师都是减负增效。具体过程如下：

1. 挑选小老师团队

选择学科能力与表达能力相对强，有一定控场能力的学生。教师要相信学生，发掘尽可能多的小老师。小老师越多，团队成员就不至于过多，效率就会相对高。教师统一对小老师团队进行疑难点讲析，对习题进行分模块讲解。

2. 组建生生共同体

公布小老师组长名单，让其他学生找自己喜欢的组长建组，或沿用班级原有的异质小组。基本调整到5人左右一组，让能力强的组长多带点组员，能力弱的少带点。

3. 布置分层答疑体

老师在课的开始阶段负责讲解小老师们的错题与重要答题指导；在课中巡视监督或参与小组答疑；在课的结束阶段负责对各小组反映的答疑问题进行统一答疑。小老师则给自己的3～5位组员讲解错题，组织小组讨论，大致占课程时间的1/3。

（二）巧设师生互动，寻找破题关键

在习题课教学中，可以采用师生对话的形式来引导学生的思维，把学生概念迷思处指明，教学生破题，抓题目关键信息，通过信息中的已知条件联系相关知识点，引导学生发现隐含信息。习题讲解要步步深入，最好是设置成若干小问题引导学生再思考，让破题的线索"水落石出"。

案例 3-10

"电磁继电器习题课"教学片段

小强利用压力传感器、电磁继电器、阻值可调的电阻 R 等元件，设计了汽车尾气中 CO 排放量的检测电路（见图 3-9）。他了解到这种气敏电阻 R_1 阻值随 CO 浓度的增大而减小，闭合开关 S，当 CO 浓度高于某一设定值时，电铃

就会发声报警。

①汽车尾气排放达标时，工作电路中电铃不响；当 CO 浓度增大到一定程度时，电铃报警，说明汽车尾气排放超标。请你判断 _____（选填"AC"或"BD"）位置处是电铃。②为使检测电路在 CO 浓度更低时报警，可以怎么做？

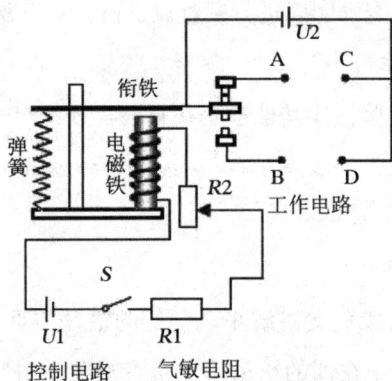

图 3-9 CO 浓度报警器电路

在电磁继电器的习题分析中，电路分析必不可少。我们可以创设以下的模拟师生对话，通过一步步的问答，探寻破题的关键点。

师：CO 浓度更低时报警，电路中可以观察到什么现象呢？

生：当控制电路中电流增大，衔铁吸合时会报警。

师：那吸合时的电流是否会发生改变呢？

生：电磁继电器的构造是一定的，衔铁吸下所需的力是一定的，因此对应的通过电磁铁的电流大小也是一定的。

师：既然这个吸引衔铁的控制电流是不变的，我们一起来看看哪些因素会影响这个电流的大小。

生：气敏电阻 R_1、滑动变阻器 R_2 以及电源电压都会改变电流大小。

师：现在 CO 浓度变小，改变了什么？这种情况下，如何保持电流不变呢？

生：R_1 阻值变大，所以电流变小。若要保持电流不变，则 R_2 阻值变小，或者电源电压增大。

在上述互动问答中，教师采用问题链的形式，不断引导思维，一步步指向关键性问题："吸合的电流是否会发生改变呢？"显然，不管敏感电阻怎么变化，控制电路的启动电流始终都是不变的，这个不变的电流就是解决电磁继电器工作问题的关键点。围绕不变的电流 I，就可以完成电路的分析和等式的建立（见图 3-10），还可以对动态电路中各个物理量的变化进行推导，实现"电磁继电器"这一类题的破解。

$$不变 \quad I = \frac{U}{R_1 + R_2}$$

变大

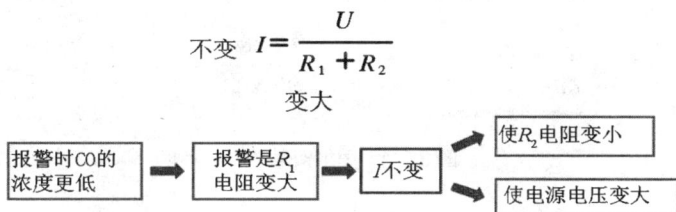

图 3-10 "电磁继电器"解题模型建立

（三）归纳解题方法，构建思维模型

分析熟悉的问题，归纳解决问题的方法，建立相应的思维模型，迁移应用到新的情景中，是深度学习的重要方式。在习题讲解中，教师可以带领学生由表及里地建构模型。此模型可以是例题题干中原有模型的改造和细化，也可以是思维的一种外化，即将零散的知识点按一定逻辑整理编织成一个思维体系，达到修正解题错误、完善解题思路、熟悉解题流程的作用。

案例 3-11

"化学实验探究"教学片断

现有一批石灰石样品，请设计实验求出样品中所含 $CaCO_3$ 的质量分数。

本题区别于常规的计算题，没有给出测定质量分数的方法，因此要打开学生的思路。因为无法直接测量 $CaCO_3$，所以教学时要引导学生进行转化，将 $CaCO_3$

的测量转化为测 $CaCO_3$ 和酸产生的 CO_2 气体的量。但这个量是什么呢? 是气体的体积还是气体的质量? 气体质量或体积如何测量? 这些问题都将引发学生的进一步思考。这时候就需要构建思维模型来梳理解题思路(见图3-11)。

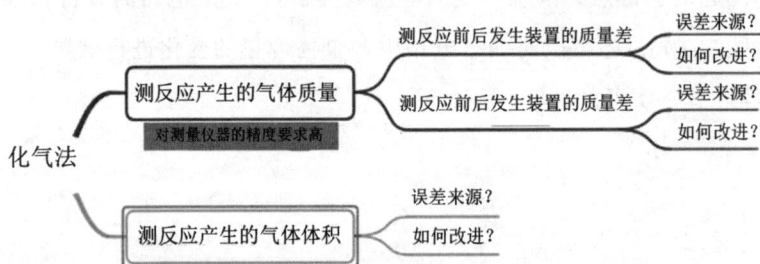

图 3-11 思维模型建构

通过构建思维模型,引导学生一步一步地探索。比如,"吸收装置"选用什么试剂? 直接吸收会有什么误差? 对实验有何影响? 如何改进实验? 将原来一句话的题干挖掘和细化,形成系统的模型(见图3-12),达到完善思路,促进理解的作用。

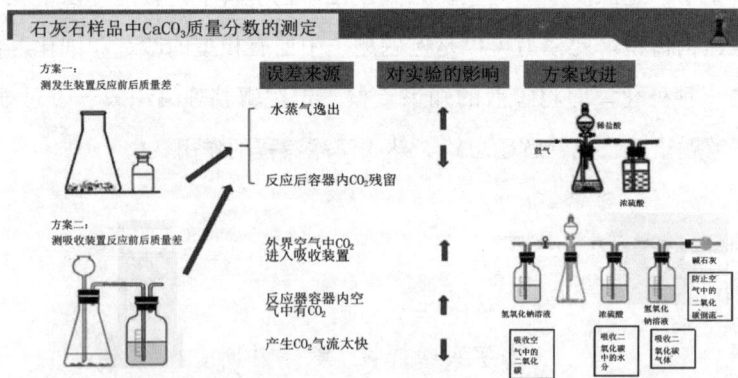

图 3-12 石灰石样品中 $CaCO_3$ 质量分数的测定

该模型的建立,可以将其迁移到新的情境中。比如,初中化学中"变质的 $NaOH$ 中 Na_2CO_3 质量分数的测定""纯碱样品中 Na_2CO_3 质量分数的测定""双氧

水中 H_2O_2 质量分数的测定"等一系列可以产生气体的成分测定，都可以采用相同的方法。通过建立思维模型，提升学生的思维能力，达到一通百通的效果。

三、"和趣"课堂之复习课

孔子曰"学而时习之"，"温故而知新"。这里强调复习对学习的重要作用。所谓学习，"学"是指接受新的知识，"习"就是指要复习，要进一步理解、归纳、总结和记忆已学过的知识。在学习过程中，只学不习，学习的东西很快就会被遗忘。复习课是学生的知识结构、思维习惯、品质及分析、解决问题能力不断优化的过程，是一个自主探究、发展创造的过程。

传统复习课往往是教师讲、学生练，课堂节奏单调，缺乏起伏，学生的思维不够活跃，看似效率很高，但学生真正能留下多少知识值得商榷。这样的复习课不以学生的需求出发，无法实现让学生系统掌握知识的目的，更没有发展学生的思维。

科学教研组经过多年的探索和实践，提出了对于科学复习课的一些教学方法。

（一）针对基础，构建知识网络

复习课的第一步是针对课程标准，让学生明晰复习内容。这为学习者的学习提供了方向，让学习者更有目的，让复习有的放矢。第二步是解决易忘的、遗漏的基础知识。概念的回顾并不是简单地重复，而是引导学生按照一定标准对基础知识进行梳理、分类、整合，可以通过网络图、知识树等可观的形式来呈现，理解和揭示知识的本质联系。在课堂复习中，知识网络的构建可以借助板书进行落实。板书书写是个动态的过程，可以引领学生的思路跟上老师的节奏，让学生跟着老师的思路抓住每个知识点之间的联系，逐步由"点"及"面"形成一张知识网。

案例 3-12

"绿色植物的新陈代谢"教学片段

Q1：刚才同学们提到植物的光合作用和呼吸作用，我们也来回忆一下这两个过程。关于植物的光合作用和呼吸作用，你能回忆起哪些知识点？

Q2：请同学们说说两者的联系与区别。

Q3：呼吸作用和光合作用这两个既有联系又有区别的概念，我们可以通过这样的思维导图来进行整理。

思维导图如图 3-13 所示。

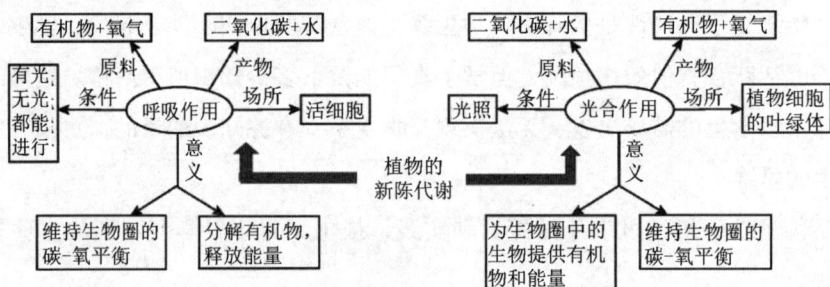

图 3-13　"光合作用"与"呼吸作用"知识网络

通过图 3-13 的知识梳理，学生能逐步将"光合作用"和"呼吸作用"这两个零散存在于脑海中的概念联系起来，明晰两者的联系与区别，对原料、产物、场所、条件、意义等知识的理解更为清晰明了。通过思维导图，学生能有效填补知识遗忘遗漏点，形成植物新陈代谢知识的整体化框架。

（二）精找典例，敲击薄弱易错点

在科学学科中，宏观物质的多样性、微观世界的抽象性、符号系统的复杂性、认识物质的多维性，必然造成学生在新课学习过程中积累大量的易错点。然而，学生的认知发展是一个建构过程，知识是个连续体，学生易错点会造成学生认知的断裂，导致学生认知发展的障碍。为此，复习课中能否突破学生易错点是教学的关键。

复习必须突出重点，加强针对性，注重实效。在复习过程中，一是要针对全班学生的薄弱环节，二是要针对个别学生存在的问题。要紧扣知识的易混点、易错点设计复习内容，做到有的放矢，对症下药。

案例 3-13

专题复习之"力"教学片段

如图 3-14 所示，叠放在一起的 A、B、C 三个石块处于静止状态，下列说法正确的是（　　）

A. B 石块受到 A 石块的重力和压力的作用

B. B 石块受到三个力的作用

C. B 石块对 A 石块的支持力和 A 石块对 B 石块的压力是一对平衡力

D. C 石块受到的重力与地面对 C 石块的支持力是一对平衡力

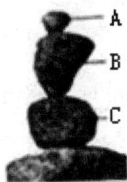

图 3-14　叠放在一起的三个石块

师：A、B、C 三个选项需要对 B 进行受力分析。B 受到哪些力的作用？

生：C 对 B 的支持力 =A 对 B 的压力 +B 的重力，选项 A、C 错误，B 正确。

师：D 选项的错误率最高。很多同学认为 C 石块受到的重力与地面对 C 石块支持力是一对平衡力，你觉得错在哪里？

生：没有考虑 B 石块对 C 石块的压力。

师：我们刚才采用了"隔离法"单独对C石块进行受力分析，找到了同学们容易遗漏的力。还有其他的分析方法，可以帮助我们更好地进行判断吗？

生：可以将A、B、C看作整体，运用"整体法"进行分析。地面对C的支持力等于A、B、C整体的重力。

师："整体法"和"隔离法"是力学中常用的两种分析方法。在实际运用中，只有合理选取研究对象，灵活运用，才能高效准确地解题。

本题以叠放在一起的三个石块为情境，考察了受力分析，是一道针对学生易错点的典型例题。首先，"平衡力"与"相互作用力"是科学中重要的概念，同学们在学习时经常把二者混淆，不能正确判断哪些是"平衡力"，哪些是"相互作用力"。解答本题需要对这两个概念进行有效区分，厘清两者的异同点，灵活运用。其次，在几个物体构成的系统中，容易忽略物体间的相互作用力。如D选项，学生往往把C石块受到的重力与地面对C石块的支持力看作平衡力。此时教师可以点明"整体法"和"隔离法"的运用，敲击易错点，引导学生选取合理的研究对象，使受力分析和解题过程简化。两种方法灵活运用，有机结合，才能达到迅速正确求解的目的。

（三）指导方法，提升答题技巧

复习课绝对不仅仅是对于旧知识的复习，更是对于知识的二度挖掘。通过复习，学生在系统深入掌握知识的同时，能进一步提高思维能力，提升分析和解决问题的能力。在复习过程中，必须根据考点知识间的纵横联系，总结答题技巧。答题方法最好要简单易行，具有一定的可模仿性和可操作性。

案例 3-14

"专题复习之说理题"教学片段

在一个大型平底烧瓶中盛湿润的泥沙，在其中插上几枝新鲜的枝条和一支盛有适量 NaOH 溶液的试管，烧瓶口紧包一个气球，使烧瓶悬浮在玻璃缸中某一位置。在自然环境下持续观察，最终可以发现烧瓶的浮沉情况，请解释其中的原因。

说理题是一类推理过程严谨，具有较强的理论性、逻辑性的题目，学生往往觉得无从下手。我们可以在解题中逐渐总结答题技巧，提升此类题目的得分率。

师：烧瓶的浮沉条件与哪些因素有关？

生：重力和浮力。

师：烧瓶悬浮说明了什么？

生：浮力等于重力。

师：这两个力会发生变化吗？

生：由于密封，质量守恒，重力肯定不会变化，但浮力会改变。

师：是什么引起了浮力的变化？

生：浮力大小会受到 $P_{液}$ 或 $V_{排}$ 的影响。由于密封，与外界液体没有交换，$P_{液}$ 不会变，很有可能是 $V_{排}$ 改变，推知可能是瓶内的气体体积发生变化。

师：瓶内气体体积为什么会改变？烧杯中的植物给你什么启发？

生：新鲜枝条在自然状态下应同时进行呼吸作用和光合作用。

师：植物的呼吸作用和光合作用对气体成分有什么影响？盛有适量 NaOH 溶液的试管给你什么启发？

生：呼吸作用会消耗烧瓶内存留的 O_2 和光合作用产生的 O_2，而产生的 CO_2 被试管中盛有的 NaOH 溶液吸收。

师：气体体积如何变化？

生：气体质量减少，气压变小，气球变瘪，气体体积减小。

师：你能组织语言，用科学术语进行表述吗？

答案：①烧瓶口紧包一个气球，使烧瓶悬浮在玻璃缸中某一位置，表明烧瓶与外界环境隔绝且本身含有一定量的气体，此时浮力等于重力。②新鲜枝条在自然状态下应同时进行呼吸作用和光合作用。由于呼吸作用会消耗烧瓶内存留的 O_2 和光合作用产生的 O_2，而产生的 CO_2 被试管中盛有的 NaOH 溶液吸收，烧瓶中的 CO_2 耗完。③故一段时间后，烧瓶内气体质量减少，气压变小，气球变瘪。④而由于 $V_{排}$ 减小，烧瓶及气球受到的浮力减小；又由于质量守恒，烧瓶及物质的总质量不变。⑤最终由于浮力小于重力，烧瓶将沉在缸底。

通过层层深入的剖析，采用逆向思维的方法，可以寻找题目中的条件，找到需要达成的结果，运用科学原理，逻辑清晰地建立条件与结果之间的联系（见图3-15）。这类解题技巧可以作为模板迁移到其他说理题中，起到举一反三的效果，提升学生答题技巧。

逆向思维

悬浮 $G = F_{浮}$
   不变 改变 $P_{液}$ 不变
           $V_{排}$ 改变 ⇌ $V_{气}$ 改变 ⇌ 呼吸作用消耗O_2，产生的CO_2被NaOH吸收

下沉 $G > F_{浮}$
   不变 减少

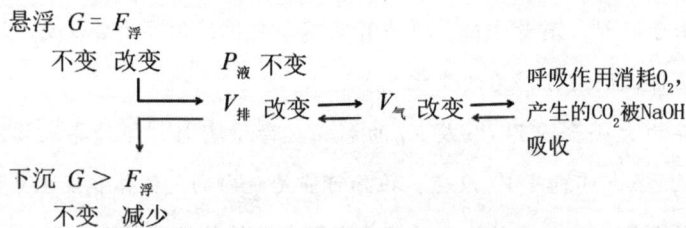

图3-15　逆向思维流程

第四章

与时俱进，创建"和趣"平台

第一节　时代的召唤

一、教育信息化 2.0 在行动

随着网络技术、移动技术的飞速发展，智能手机、平板电脑的普及，教育信息化已经从 1.0 时代进入 2.0 时代。2018 年 4 月，《教育部关于印发〈教育信息化 2.0 行动计划〉的通知》中提出，到 2022 年基本实现"三全两高一大"的发展目标。"三全"指教学应用覆盖全体教师，学习应用覆盖全体适龄学生，数字校园建设覆盖全体学校；"两高"指信息化应用水平和师生信息素养普遍提高；"一大"指建成"互联网＋教育"大平台。2020 年，形成与国家教育现代化发展目标相适应的教育信息化体系，基本建成人人可享有优质教育资源的信息化学习环境，基本形成学习型社会的信息化支撑服务体系。

随着信息技术的深入发展，人们的生活、学习方式发生了深刻变化，教育界也产生了一个热门话题"如何才能有效地把'互联网＋'与课堂教学充分结合起来呢？"由此，教育界进行了深入地探索与实践，翻转课堂、微课、慕课、雨课等新的教学手段也应运而生。相对于传统的课堂教学，以"微课""直播"

为主要教学手段的"云"课堂平台，逐渐成为初中科学课堂教学的有效延伸。

二、"云"课堂优势在哪里

传统的科学教学过程中，很多学习任务和实验设计会受到时间和场地的限制，在周末、假期时间段，教师不能有效地监督学生家庭作业的完成情况，缺少师生间的互动和交流。"云"课堂能够完全打破时空限制，学生只需一台上网设备，就能够随时随地在全球的各个地方观看老师的微课录播或参与直播教学，与老师进行教学互动。通过资源的广泛传播，教学、学习方法的共享，平台既能辅助课堂教学，也能在假期帮助学生进行课本知识的预习与巩固、思维素养的深化和拓展。近年来，"钉钉在线教育""浙派名师"等"云"课堂品牌给初中科学"云"课堂教学模式的创新带来实践思路和技术支持，为学校开展"云"课堂初中科学教学打好了硬件基础，成为促进教育公平、提高教育质量的有效手段。

随着线上学习需求的不断提升，"云"课堂的平台从微课视频播放、作业布置等单项输出式的网页类平台转向了图片、文字、视频、音频多元发布。随着直播技术的发展，"云"课堂又有了利于课堂及时交互反馈的在线直播教学平台。其中，微信公众平台具有成本较小、普适性较强、操作便捷、介入性和传播性较强等一系列优势，使得基于微信公众平台的混合教学模式在教育领域受到重视，成为公益"云"课堂的主平台。微信公众平台集用户、消息、素材等各项管理功能于一体，还可以与指定用户进行实时沟通交流。该程序本身及其各项功能均能免费使用，公众号的申请也比较容易，操作简单。学校或教师只要成功申请了微信公众号，便能轻松搭建专属学习平台。通过平台，学生可以进行课前自主预习、课上重难点查缺补漏和课后拓展训练，在提高科学成绩的同时提升自主学习能力，发展科学素养。

三、学校初中科学线上教学实践经验

从 2014 年起，科学教研组积极响应吴兴区教育局有关现代教育技术改革的号召，积极组织教师利用网络平台进行教学改革，引导学生进行线上学习，打破时空限制（见图 4-1）。这些年，从作业的个性化辅导到新课微课、思维拓展类微课的广泛推送，再到有互动反馈的线上"云"直播教学，科学教研组在初中科学线上教学研究方面积累了大量的实践经验。

图 4-1 初中科学线上教学实施过程

针对学生假期、周末时自主学习能力差、作业质量堪忧的情况，学校于 2014 学年和 2015 学年作为吴兴区作业改革的试点学校，对假期作业提供针对性的讲评和指导，确保学生及时完成作业并理解内化。其中科学学科又成为此次试点的重点学科，教研组在组织学生进行线上学习和完成网络作业方面积累了一定的经验，并取得了一定的成果。

在探索过程中，科学教研组通过收集疑难问题、录制微课、推送微课，积累了大量的微课资源。教研组内多位教师参与过微课制作比赛，其中获湖州市一等奖以上 5 人次，获吴兴区一等奖以上 32 人次，教研组内 6 位教师参与的微课程被浙江省微课网收录。组内教师基本做到了全员参与，微课制作非常熟练。

科学教研组意识到，借助微课的优势，线上教学不再局限于作业讲评，还能辅助课堂教学，拓展学生思维。教研组于 2017 年 4 月建立湖州市首个初中科学校本微信公众号——"四中和趣科学"，探索基于微信、微课等信息化产物

的混合式教学模式，教研组内的教师也逐渐形成了"线上教学教研共同体"，实现了教师线上教学水平的大发展。

为了增强线上教学过程中的师生互动和生生互动，科学教研组通过时下流行的直播方式，从2018年暑期着手尝试在线直播同步教学。而2020年初受疫情的影响，学校所有学生居家参加线上学习，更是将在线直播课堂的关注度、使用度推向新高。

在这六年的探索过程中，科学教研组凝聚力量，及时解决学生在线上学习过程中遇到的疑难问题，帮助学生实现个性化自主学习，初步探索了初中科学"云"课堂的公益推广和实践。这些努力，为"云"课堂教学的实施明确了方向，并做了技术和资源上的铺垫。

第二节　组建公益团队

一、公益队伍建设

公益"云"课堂教学团队由学校科学教研组全体老师组成,分为领衔教师、骨干教师、青年教师三组(见图4-2)。团队中的领衔教师结合整体需求,制定"云"课堂开发的内容和目标;领衔教师联动吴兴区初中科学学科带头人进行核心培训,讨论线上教学的最佳模式,并确定微课资源包开发的基本操作流程;以学科带头人为主讲,培训中青年骨干教师及青年教师,使他们成为微课资源包开发的团队负责人,明确微课包开发的内容和要求,并按年级确定团队成员;各年级的团队负责人根据团队老师的实际情况,精细安排人员搭配和任务划分,组织具体培训的任务。这样阶梯式的逐级培训,做到了教研组全体科学教师"总动员",每一位科学教师都能各展所长、各尽所能。

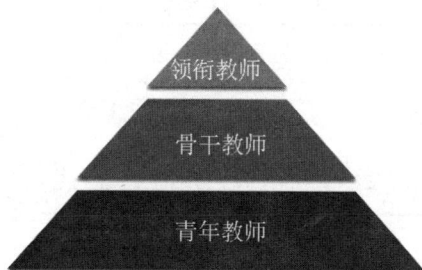

图 4-2　公益"云"课堂教学团队结构

（一）领衔教师——教学指导、微课审核

科学教研组中共有6位教师担任领衔教师，分管线上作业布置平台、在线直播教学平台、微信公众平台发布内容的指导与审核（见表4-1）。

表4-1　领衔教师分工

领衔教师	具体分工
王兴凤、杨银儿	线上作业布置平台发布内容的指导与审核
杨兵兵、金国英	在线直播教学平台发布内容的指导与审核
吉瑛、杜战跃	微信公众平台发布内容的指导与审核

（二）骨干教师——资源开发、合作创新

选取科学教研组中骨干教师9名，备课组负责各年级的线上学习内容选取与规划，联动组内老师合作完成微课开发制作，创新教学方式方法（见表4-2）。

表4-2　骨干教师分工

骨干教师	具体分工
方祺梅、邢爽文、许敏	初一年级教学内容制定、改进，平台对接
孙晓陈、肖舒婷、叶军	初二年级教学内容制定、改进，平台对接
饶冬娣、高森、孙颖	初三年级教学内容制定、改进，平台对接

（三）青年教师——技术支持、平台维护

科学教研组中有青年教师20余名，主要负责"云"课堂平台的维护和微课制作中的技术处理等工作，保证"云"课堂平台长期稳定地运行（见表4-3）。

表4-3　青年教师分工

青年教师	具体分工
邱陈媛、周海华等	"云"课堂平台界面设计、权限管理
俞鑫、洪伟、沈怡等	微课视频转码、上传、发布
何钰菁、蒋姹琛等	微课配图、文字编辑
肖琪、黄艳、程琪等	录制微课，开发教学资源

二、专业素质提升

通过外出学习和操作研讨等活动，科学教研组给组内教师提供理论学习、技术指导、操作实验、经验交流等方面的培训（见图4-3），全体科学教师成为公益"云"课堂平台"培训共同体"，力求教研组内每位教师都能驾驭"云"课堂教学。

图4-3　公益"云"课堂教学团队学习培训模块

（一）理论学习，更新理念

起初科学组大多数老师对"云"课堂公益平台了解甚微，认为网络会影响学生的学习。因此，教学改革的首要任务是更新教师的传统观念。教研组邀请到吴兴区教育局研训中心副主任、初中科学教研员侯小英老师为教研组全体教师进行理念培训，培训内容包括线上教学的背景和意义、优秀微课展示和培训学习、微课制作、直播授课培训。

（二）技术指导，培养能力

科学教研组多次派组内骨干教师去各地参加微课制作培训，学习先进的线上教学和微课开发制作经验。回来后，骨干教师对组内其他教师进行微课制作技术的再培训、再指导，进一步培养组内教师微课制作的能力。

（三）实践操作，强化技能

为尽快提升组内教师的微课制作技能，教研组多次组织组内教师进行微课制作比赛，进一步提升教师的专业制作水平。通过比赛的形式，挑选组内优秀教师，以他们为中心，成立多个微课制作小组。后期通过小组内的合作与交流，强化组内教师专业技能。

（四）经验交流，提升水平

为加强教师微课开发制作与应用的能力，教研组每月组织优秀微课的赏析和交流评价。在分享和交流过程中，教师微课开发和线上教学能力得到提升。在 2020 年初疫情防控期间，教研组也没有停止线上教学研讨和"云"课堂的打磨，每周分享一部分优秀的"云"课堂课例供组内教师学习研讨，从而提升了教研组内教师的线上教学能力。

第三节　建立校本微课资源库

一、微课的特点和优势

初中科学教学既包含抽象概念学习，又包含大量实验观察，需要寻求直观形象的呈现方式。同时，科学教学中又具有许多探究性过程，需要引导学生思考、拓展相关内容，增加教学的广度和深度。微课恰恰具备"短小精悍""趣味生动""自由自主""时时共享"的特点，能更好地服务初中科学学科的教与学。

微课"短小精悍"。微课具有明确的教学目的，教学目标与教学内容、教学活动紧密结合，能以最有效的方式和最短的时间达到教学目标，能够有效辅助课堂教学。

微课"趣味生动"。相较于传统教学模式，微课通过视频、图像、文字与对话等呈现方式创设出图文并茂、有声有色的教学环境，将教学内容和过程情景化、趣味性、可视化，有效突破了重点、难点、易错点。

微课"自由自主"。相比于传统课堂的"一次成形"，微课的观看次数、进度快慢全由观看者自己把握。这种更自由的学习方式，使得同一节微课能满足不同层次的学生需求，自行解决各自学习过程中产生的难点、易错点，也使得微课能满足教师个性化教学与自主教学研究、学生的自主学习与成长等需求，成为促进自主发展的学习资源。

微课"时时共享"。微课播放不受时空限制，接收者可"时时"享有学习的机会；微课资源方便学习、教研的讨论交流，具有广泛的共享性。例如，初中科学虽然各地教材版本不同，但每章节涉及的知识内容、实验探究、思维方法均是各地初中阶段学生需要学习和运用的，微课的出现能更大程度地满足交流与共享，这种公益性的资源共享有助于推进教育公平。

根据微课的这些特点，可以总结出初中科学微课的四点优势。

（一）微课促进"学为中心"教学理念的落实

微课的出现，打破了传统的课堂教学模式。微课的本质特征和核心理念是"学"，即要面向学生，促进学生自主、个性、高效地"学"，从而达到优化学习体验与提升学习品质的效果。近几年，学校微课在推进学本课堂、分层教学，以及翻转课堂、移动学习等教学模式的推广应用中，发挥了重要的作用。

（二）微课有利于优化课堂结构

课前、课中、课后应用微课，可以解决重难点问题，支持学生个性化学习：微课用在课前，可结合学习任务单实现导学功能，如回顾先前知识，唤醒已有经验，介绍背景知识，激发学习兴趣等；微课用在课中，可帮助学生完成知识内化，保持和强化学习兴趣；微课应用于课后，可帮助学生复习、巩固重点、难点、疑点、易错点、易混淆点，扩展学习，促进迁移应用，引出后续学习内容。教师提供优质微课，引导合理使用微课，使得学生在学习过程中更容易进入"聚焦"状态，优化教学效果。

（三）微课有利于师生减负增效

学生在学习的过程中，肯定有难以掌握或容易忘记的知识，需要课前的指引和提示、课后的反思和复习。优质微课是凝聚教师教学智慧的产品，学生通过它更容易进入"聚焦"状态，提高效率。同时，教师通过课前观看和借鉴微课教学设计，可以减轻备课的负担。

（四）微课有利于教师专业成长

微课于教师而言，不仅是辅助课堂教学的工具，还是自我学习反思和研究提升的资源。在备课时观看微课，有助于厘清教学目标、重难点，提高备课效率，优化教学效果；在交流时分享微课，就是分享教育思想，有利于教师博采众长，相互借鉴教学方法，不断提高自己的教学能力；在假期里研究微课，可以引发教师对教学进行二度思考，投入有目的性、针对性的教学研究活动中去，不断促进自身专业成长。

二、校本微课资源库的组成

高质量的微课需要教师严格把握制作的要点，并根据微课开发流程（见图4-4）进行精细的打磨。科学教研组近年来不断在微课的设计、开发及应用方面进行研究，并不断总结现有的成果，探索微课应用的途径。

确定课题 ▷ 微课设计 ▷ 撰写脚本 ▷ 制定PPT ▷ 初审修改 ▷ 录制剪辑 ▷ 再审完善

图4-4 微课开发流程

科学教研组先后开发了"初中科学六册教材新课微课""中考实验操作指导微课程""学生家庭实验微课精选""教师实验辅导微课""中考专题复习微课""习题微课"等系列微课，形成完整的体系（见图4-5）。

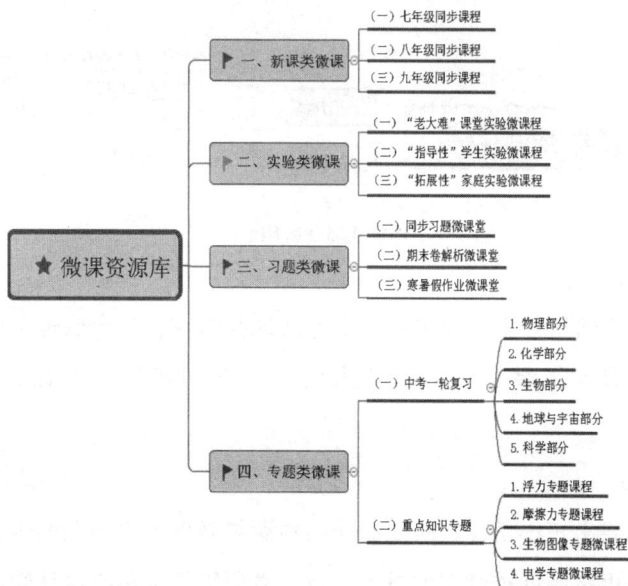

图4-5 校本微课资源库体系

三、各种类型的微课开发和应用

在开展"云"课堂教学的过程中，科学教研组教师一直在思考：如何提高微课的实用性？如何让碎片化的资源系统化、结构化？如何让学生喜欢上微课？因此，从微课选题到教学设计、撰写脚本、制作 PPT、挑选辅助素材，再到录制剪辑、审核修改、评价反馈等每一环节，教师都要做到专业化、规范化。经过几年的实践和总结，教研组主要开发制作了四大类型的微课：新课类微课、实验类微课、习题类微课、专题类微课。

（一）新课类微课开发和应用

新课类微课在讲解教学内容时思路清晰、明确，围绕教学主题逐步展开，突出重点，去除烦冗。模块上一般包括导入、讲解、示例、总结。科学教研组对新课类微课的研究首先是从帮助学生进行课前预习和假期自主预习开始的，实践过程中发现微课在课前、课中、课后都有广阔的应用空间，主要体现在自主学习和课堂学习中（见图 4-6）。

图 4-6　新课类微课应用途径

因此，科学教研组开发了大量高品质的新课类微课，为全校师生送去优质的数字资源。新课类微课一般具有"直击重点""生动有趣""深化思维"三个特点。

1. 直击重点

新课类微课要求短小精悍，所以制作的新课类微课内容指向明确，只围绕一个核心知识点也是新课类微课的重点进行。教研组教师精心设计微课的每一秒钟，做到直击重点，力求有针对性。比如，片头信息一般控制在 15 秒以内，做到开门见山、单刀直入。例如，在"浮力"第一课时中设计了整节微课都围绕着核心问题"浮力的方向是怎样的"展开，从一开始生活中模糊的"向上"认识到设计实验验证和用二力平衡知识推导得出"竖直向上"的思维过程，都是围绕中心问题展开的。

2. 生动有趣

一开始制作的微课比较简陋，只是利用PPT把正确知识播放一遍，结果发现学生对这些微课"敬而远之"。基于此，教研组教师重新进行了思考和制作，为了提高学生的学习热情，引入了多元化的表现手法，师生互动，角色扮演，插入精美的图片、动画、视频等，再结合幽默风趣的语言和引人入胜的问题，抓住学生的眼球。例如，会运用音乐、字幕等对导入素材进行"再包装"，力求在最短的时间内吸引学生的注意力；巧用故事、图表等手段，形象地突破重难点。

3. 深化思维

在新课类微课设计中，最重要的是让学生进行自主思考，达到一定的思维深度。问题是思维的起点，情境是思维的保障。因此，在新课类微课中，教师采用问题链的形式引领、促使学生主动思考，同时创设可以运用新知识解决问题的情境，引导学生进行知识整合，提升他们解决问题的能力。

案例 4-1

新课类微课"生物群落"

初一学习的生物个体，是有结构层次的。从它的基本结构层次开始，一层层的学习，有助于深入了解生物个体。同样的道理，生态系统也有类似的结构层次。通过书本上的小标题可以了解整节课的概要，即这节课最主要的学习目标。

【设计策略】

本节课采用的是前置学习目标的形式（见图4-7），联系前面学过的内容，开门见山地告诉学生本节微课要掌握的知识内容，让学生在学习过程中能够有针对性地进行学习理解。在时间较短的微课学习中，保证了学习效率。

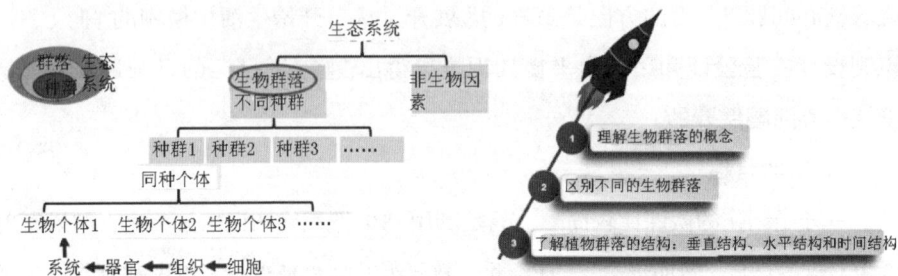

图4-7 "生物群落"微课学习目标

纪录片《老爵爷的大堡礁之旅》里的镜头（见图4-8），展现了近几十年人类活动严重导致珊瑚白化。

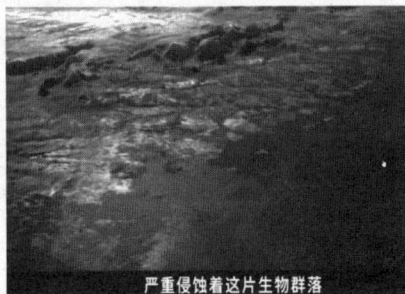

图4-8 《老爵爷的大堡礁之旅》镜头中的"生物群落"

【提出问题】

怎样才能更好地保护它们呢？

【设计策略】

用影视片段的方式导入，多角度、多画面的剪辑使用，吸引了学生的注意力，引出了本课学习的核心内容"生物群落"。

【设计策略】

"开门见山"式的问题策略（见图4-9），是微课"短小精悍"的保证。根据首要教学原理的要求，体现出"问题中心"的微课教学设计策略。尊重学生的学情，适度回忆学生已知内容，既节约了时间，又引导学生建立起新旧知识的联系。

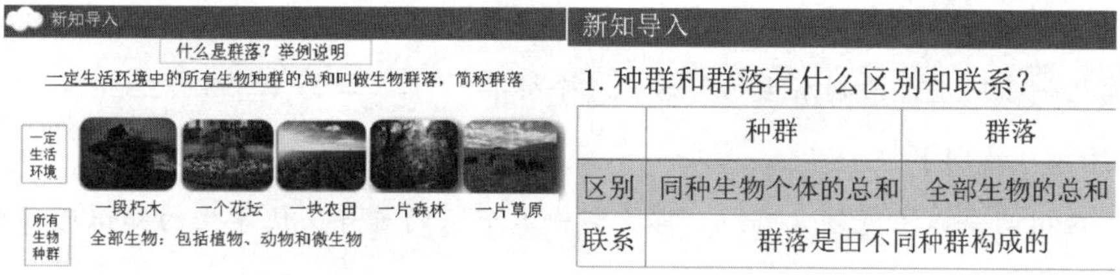

图 4-9 "生物群落"微课片段 3 问题策略

【设计策略】

这里着重使用了首要教学原理中的激活策略，利用动画和图片分别展示森林生物群落和草原生物群落，让学生自己找出两者的区别（见图 4-10），同时引导学生得出"在生物群落中起主导作用的是植物"的结论，为接下来微课中"植被"概念的提出埋下伏笔。

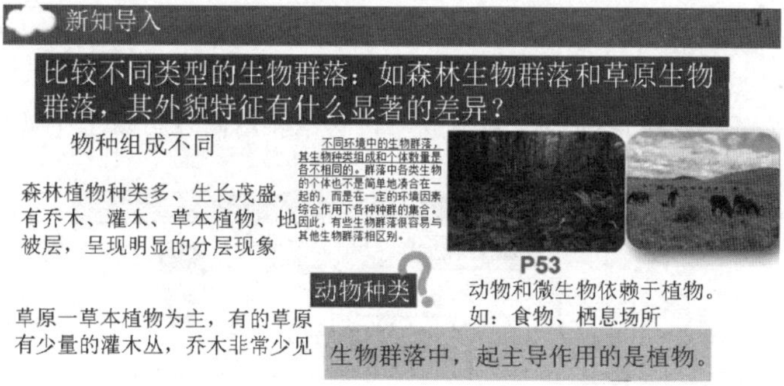

图 4-10 森林生物群落和草原生物群落的区别

虽然所有生物的总和是群落，但群落不是把所有生物个体简单地凑合在一起。群落中的各类生物有着复杂的关系。

【提出问题】

复杂的关系是什么意思？要判断是否为一个生物群落，必须具备哪三个特点？

【设计意图】

通过和学生对话的方式，慢慢引导学生形成从"点"到"线"的思维，让学生自己一步一步得出判断生物群落的三个标准。

【设计意图】

应用两个题（见图 4-11），再次突出本节课的重点，使学生的知识迁移更加顺利。

1. 下列实例中属于生物群落的是（ D ）

A、一片草地上的全部昆虫

B、一块水稻田里的所有水稻

C、一颗枯树和其上的苔藓、真菌、昆虫、蜗牛等生物　　多了非生物因素

D、一个湖泊中的藻类、鱼类、细菌、蚌、水生昆虫等全部生物

2. 农贸市场上有新鲜的白菜、大蒜、活的鸡、鱼以及附着在上面的细菌、真菌等生物，它们共同构成一个（ D ）

A. 种群　　B. 群落　　C. 生态系统　　D. 以上都不是

各类生物间没有直接或间接的相互关系　　没有复杂的种间关系如捕食

图 4-11 "生物群"微课应用题

请学生试着将这节课的内容总结成一张思维导图画在白纸上（见图 4-12）。

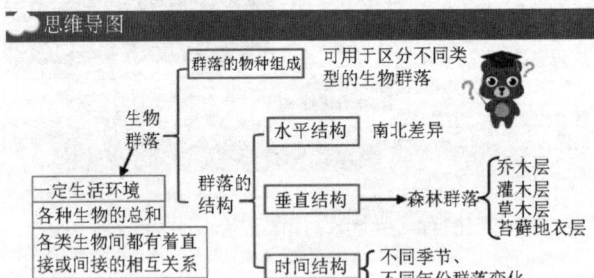

图 4-12 "生物群落"微课思维导图

【设计意图】

这里既是点题，又是再次强调重点知识的过程。这里的思维导图不仅仅采用文字的形式，更采用了前面教学过程的缩小图片。这种图文并茂的思维导图

小节形式，唤醒了学生对文字和图片的多重记忆。

（二）实验类微课开发和应用

作为科学教学的一种基本手段，科学实验是培养学生科学探究能力的重要途径，是学生探究并获取、应用知识的有机组成部分。科学教研组杜绝形式主义的实验教学，提倡把真正的实验体验带给学生。实验类微课成为教师实验教学的利器。该类型微课在学校科学实验教学中的应用如下。

1. 提高学生预习实验的质量

课前预习是有效教学不可缺失的环节，对实验课来说也不例外。若只让学生根据课本和教辅资料预习实验，则预习效果就停留在实验资料的文字描述和图片展示上，学生缺少对实验的理性认识。有了微课，情形就大不一样了。在课前，教师会把实验内容录制成微课，让学生根据自己的学习情况选择合适的学习方式，通过视频全方位地熟悉实验，避免在实验中出现错误操作，提高预习的效率。结合微课，教师还会在课前设置疑难点讨论环节。学生看完微课后记录下自己的疑问，再反馈给教师。教师会及时针对个别问题进行解答，同时收集、整理这些信息，以了解学生的认知水平，据此再精心备课。

2. 提高学生的自主实验能力

传统的实验教学主要依靠教师的演示、示范来规范学生的实验操作，在此过程中，学生稍有疏忽就会有遗漏，影响自主实验操作。有了实验类微课，学生可以反复观看微课中呈现的规范实验操作，提高观察能力和分析能力。教师也无须重复讲解实验内容。在实验课中，学生有更充足的时间进行实验操作，教师也有充足的时间进行针对性指导，实现个性化教学，从而使得每一位学生的自主实验能力都有所提高。

3. 培养学生的发散思维和创新能力

在缺少微课的实验教学中，教师大多通过实验报告或习题评价学生，而学生也很少针对实验进行拓展或创新，这不利于学生发散思维和创新能力的培养。因此，教师在微课中会对实验进行延伸和拓展，设计多种实验方案，让学生自主学习，同时设置在线测试，使实验教学连续性更强，学生对整个实验的理解更系统、更完整，对提高发散思维和创新能力具有积极的意义。

案例 4-2

实验类微课"探究光合作用需要光照"

本实验微课重点指导："探究光合作用需要光照"的实验微课侧重实验的设计和观察。本实验的两个变量分别是叶绿体和光照。实验中有很多前期准备工作和操作细节值得注意，这些注意点也是保证实验成功的关键。

（1）自己录制"暗处理"（见图 4-13）。为了避免叶片中原有的有机物对实验的影响，事先将植物放在黑暗的地方（一般可套进黑色塑料袋中）一昼夜，以消耗叶片中原有的淀粉。此过程耗时很长，又必须完成。在实验微课中，学生看着视频中教师用黑色垃圾袋把植物遮得严严实实，感觉真实而有趣；同时，视频中教师又鼓励同学们仿照教师的方式自己进行一次"暗处理"，学生也因此跃跃欲试。微课中，整个过程以快进的方式来呈现，节省了许多时间。

图 4-13　"探究光合作用需要光照"微课片段 1——"暗处理"

（2）近距离放大"遮光处理"（见图 4-14）。对"遮光处理"这个操作，学生不太清楚应该怎么做比较合适。微课中没有直接告诉学生该怎么做，而是反问学生："如果你是实验者，你是选一片叶片还是两片叶片来设置对照组呢？具体这么做呢？"学生按下暂停键思考片刻后，再来看看教师揭开的谜底。为了最大限度地控制好变量，教师近距离拍摄"选取一片叶片，用两张大小相同的铝箔在叶片绿色部分的相同位置从上下两面盖严，并用大头针固定，从而形成被遮盖部分无光照而其余部分有光照的对照组"的过程。如此巧妙的控变操作与细致到位的示范操作，让学生心神合一地参与到这个实验中来，学生也很想模仿教师去做实验。

图4-14 "探究光合作用需要光照"微课片段2——"遮光处理"

（3）温馨提示"脱色处理"的细节（见图4-15）。实验中，教师将碘液滴在叶片上，观察其是否变蓝。植物细胞内含叶绿素，对显色会产生影响，所以需要将叶片中的叶绿素除去，这个过程就是脱色处理。"脱色处理"的步骤比较复杂，涉及的器材也比较多，因此学生容易混淆操作顺序和器材搭配。实验微课中，教师将整个流程清晰有条理地展示出来，无论是水浴加热、酒精萃取还是清水漂洗，学生都能观察得清清楚楚。在特别重要的地方，比如"水浴加热"的操作中，能通过暂停、放大、提问、讲解等方式，确保每一个同学都能学得明明白白。又如，碘液的浓度、脱色后和滴加碘液后颜色的对比等问题都能在微课中清晰点明。

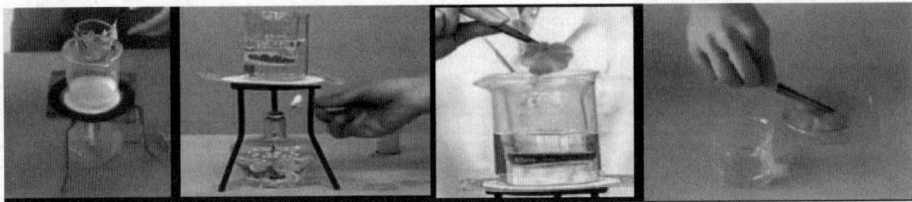

图4-15 "探究光合作用需要光照"微课片段3——"脱色处理"

利用以上微课，教师把周期长的实验浓缩到近10分钟的视频时间里，课堂上教师再利用问题进行教学。微课可以灵活插入，随播随停，配合师生一起来探究。微课中真实的画面让学生有身临其境的代入感，他们的实验兴趣被真正点燃，思维的火花就此绽放。

（三）习题类微课开发和应用

作为初中科学日常习题讲解与训练的重要载体，习题类微课已成为科学教师进行习题教学的一大助力。根据习题课和微课设计的一般流程（见图4-16），科学教研组对习题类微课的四个流程进行精心设计，重整教学资源，把文字题目转换为图形化、图像化的解题过程，使得解题过程生动又直观。

图4-16 习题类微课开发流程

1. 选题

教师根据教学重难点、学生薄弱的环节等，先确定该习题类微课的教学目标，再自主设计或选取题目。习题类微课是利用"一道题"突破"一类题"。如果学生会解这一道题，相关的知识点就会迎刃而解。习题可以是巩固、强化知识的复习例题，用于培养学生分析问题和解决问题的能力，提高学生对解题方法灵活应用的水平。教师根据微课的目的，研讨考虑习题的难度、知识点的综合程度、对知识点的深化程度等因素，然后选取最恰当的习题，促进学生学习目标的达成。

2. 破题

破题即解读题面，抽丝剥茧，带领学生一起逐步找出题目考查的知识点，找出解题的关键点。破题要分析题目中的已知条件，明确问题是什么，同时分析解决问题还需要哪些条件，如何获得这些条件等。习题微课更重要的使命是将破题的思路和方法教给学生。这种破题的方法甚至比解题方法更重要，所以教师会尽量让它变得巧妙，以便引起学生兴趣。学生若掌握了破题的方法，有助于培养思维，从而达到"一通则百通"的效果。破题之后即可应用题目中的信息来解决题目中的问题。

3. 解题

讲解过程是整个微课制作的关键部分，教师力求通过微课，恰当、生动、逻辑清晰、条分缕析地把解题过程规范、完整地呈现出来，同时对解题思路进行表达和整理，最后得出结论。最后对该题进行总结时，会说明一般的解题方法，提示该方法的适用范围、注意事项等，呈现从特殊到一般的过程。

4. 链题

链题即借助该题进行拓展提升。教师会把题目链接成知识网络，覆盖众多知识点，扩大学生知识面，让学生举一反三，学会迁移知识。比如，在微课例题后给出对应的拓展题，一方面通过拓展知识点，形成知识网络，强化知识，深化理解；另一方面发掘学生的潜能，满足学生进一步研究的需求。

案例 4-3

习题类微课"电路故障分析"

【第一次"整体"建模】

根据题中提供的实物图画出电路图；根据题干信息进行整体分析，初步判断（见图 4-17）。

113

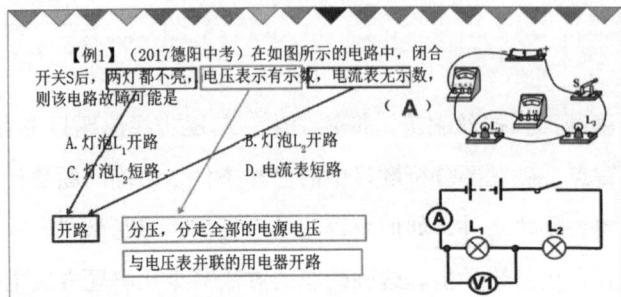

图 4-17　"电路故障分析"微课片段 1

【第二次"独立"建模】

对电路中各用电器的短路和断路情况单独建立模型，逐一分析，找到匹配的结果（见图 4-18、图 4-19）。

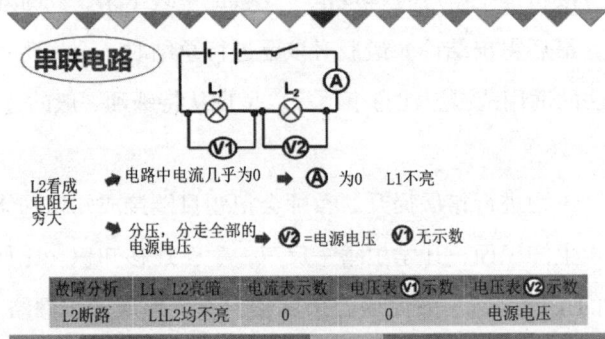

图 4-18　"电路故障分析"微课片段 2

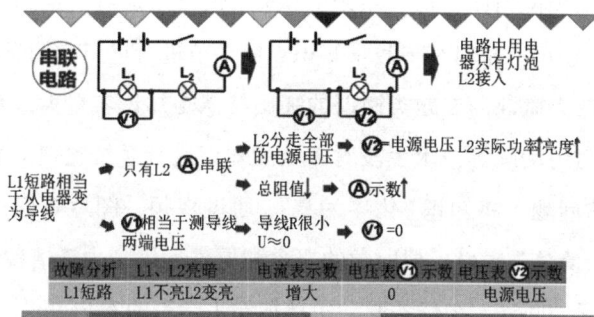

图 4-19 "电路故障分析"微课片段 3

【第三次"综合"建模】

一般教师会先借助灯泡的亮暗和电流表的示数来判断串联电路的故障。如果两灯都不亮，电流表示数为 0，则发生的故障是断路；如果电流表示数增大，且有一盏灯变更亮，那么发生的故障是短路。再根据电压表的示数来判断究竟是电路中哪一部分短路或断路（见图 4-20）。

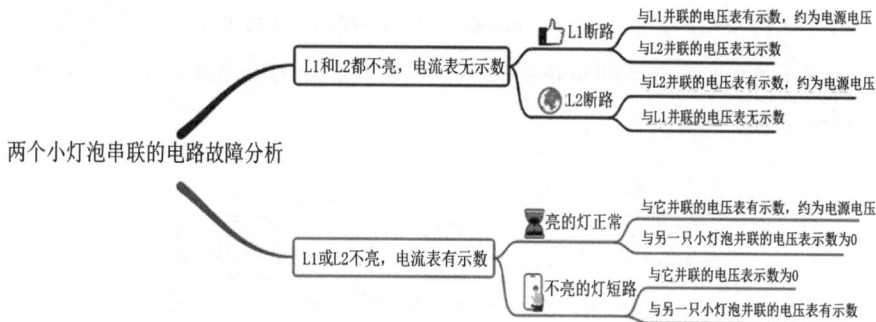

图 4-20 "电路故障分析"微课片段 4

（四）专题类微课开发和应用

如果说新课类微课是栽活一棵树，那么专题类微课就是育好一片林。教师会在微课中对学生已经在常规课堂上学习过的知识进行整理归类，帮助学生巩固基础知识，深化重难点，架构知识网络，内化知识理解。微课的内容可以是帮助学生建立知识网络图，形成系统的认知；也可以是对疑难问题和易错点进行突破和点拨；还可以是对某一教学知识点或环节进行重温和加强。

相较于新课类微课，专题类微课的突出特点是知识容量大，系统性、整合性较强。教师巧用动画等技术手段对零散的知识进行系统整理，解决了学生知识"碎片化"的问题，将知识"化零为整"；通过视频、图片等形式制造超强动感画面，创设"真实"情境，把所学的概念和原理运用到生活情境中；添加对话来模拟课堂提问与回答，在任务驱动中增加学生学习的参与度。

案例 4-4

专题类微课"'摩擦力'"复习中解题方法指导

摩擦力的大小与方向的判断是初中科学——力学部分的难点，也是学生失分最多的知识点。摩擦力的分析判断是有技巧和方法的。通过"推箱子"的经典案例（见图 4-21），整理分析静摩擦力和滑动摩擦力的大小与方向的判断方法（见图 4-22），充分发挥微课的优点，将教师推理的思路显现出来，以便学生在接下来解决这种问题时能使用该模型。

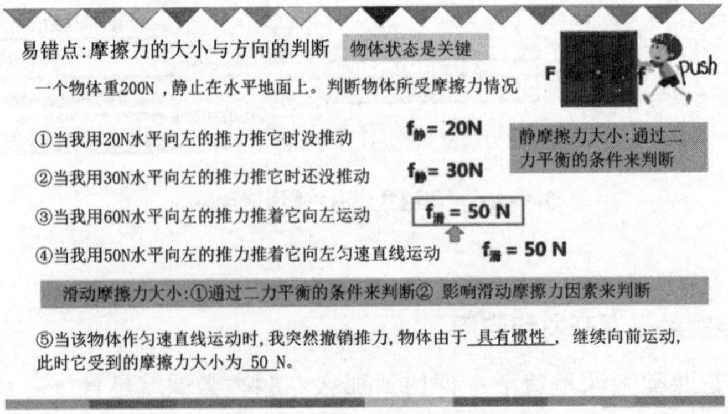

图 4-21 "'摩擦力'复习中解题方法指导"微课片段 1

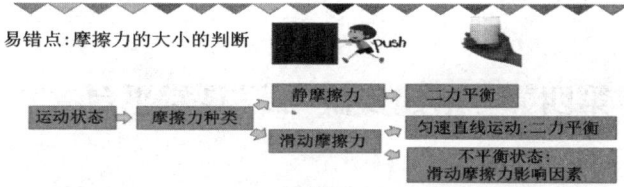

图 4-22　"'摩擦力'复习中解题方法指导"微课片段 2

第四节　搭建公益"云"课堂平台

　　现今，教育技术和教学资源随移动技术的发展变得丰富多元，一定程度上增添了学生学习方法的选择性。教学理念的更新和教育技术及技能的熟练掌握成了新时代教师的必备能力。科学教研组的教师敏锐地捕捉到这一变化，以微课为载体，以微信公众号为平台，创建了自己的公益"云"课堂教学品牌——"四中和趣科学"微信公众平台。

　　将微信引入初中科学教学，利用其中的附加程序——微信公众平台的相关功能，再结合传统教学模式的优势，构建真正适合现代教学的混合教学模式，是学校科学教学改革的又一创举。基于微信公众平台的混合式教学能够激发学生学习科学的兴趣，培养学生的实践应用和创新能力，拓宽学生的视野，促进完整的科学知识体系的建构。同时，教师通过"云"课堂平台发送碎片化的重难点以及易错知识点的相关资源，学生可以根据自己的需求选择阅读并及时与教师进行沟通交流，从而促进学生的个性化发展。

一、"四中和趣科学"微信公众号的发展历程

　　"四中和趣科学"微信公众号于2017年创立，并于当年4月3日首次推送信息。在过去的几年时间里，公众号推送内容不断（见图4-23）。公众号坚持每周推送微课不少于两次，其内容涵盖七年级至九年级教学内容，也包括许多生活中的科学知识，高效地辅助了科学课堂教学。

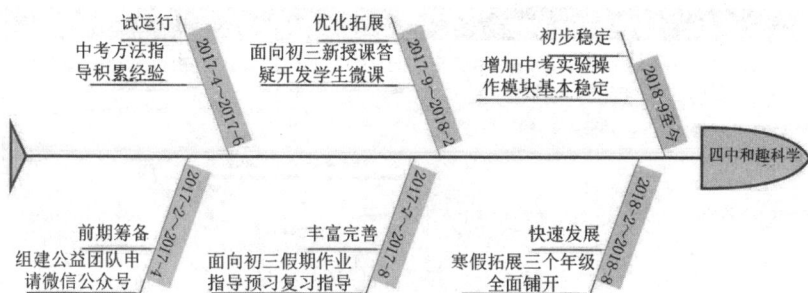

图 4-23　"四中和趣科学"微信公众号的发展历程

（一）微信公众号试运行阶段

2017 年 4 月，微信公众号开启了试运行阶段，主要服务对象为初三学生。建立"中考典型例题讲解"和"中考重点知识点复习"两大模块（见图 4-24），组织学校科学老师为此次试运行制作高质量微课并进行推送。

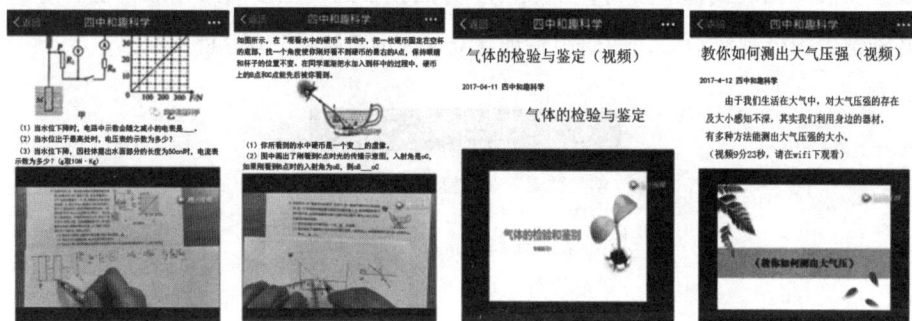

图 4-24　中考典型例题讲解微课和中考重点知识点复习微课

（二）微信公众号假期完善阶段

2017 年暑假，平台面向初三学生开设"暑期预习"和"暑假作业讲评"两大模块（见图 4-25），让学生利用暑假对暑假作业进行实时评价修正；同时面向九年级同步推送新课预习微课，对学生暑假的预习进行专业指导。

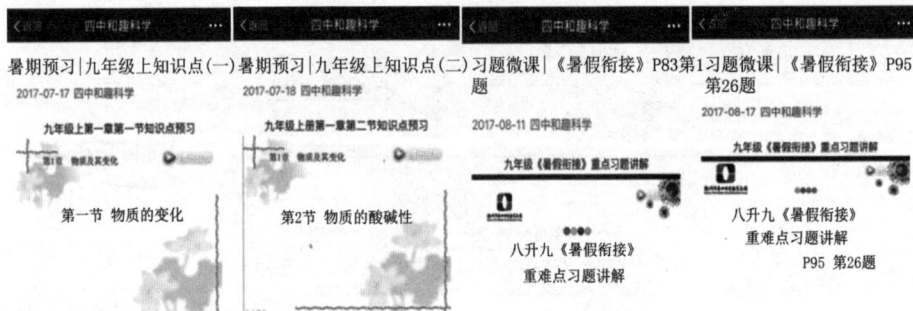

图 4-25　暑期预习微课和暑假作业习题分析微课

（三）微信公众号优化拓展阶段

2017 年 9 月开始，最大的变化是：学生开始介入微课开发与录制（见图 4-26）。在以教师微课为主体的前提下，增加学生微课，这不仅增加了制作微课的学生对这一知识的了解，同时有利于学生间的交流和讨论。微信公众号完成了从假期拓展到课堂提升，从教师单方面教学到学生参与协作的转型。为了鼓励学生积极制作微课，教研组特地建立了每月"和趣之星"评比。

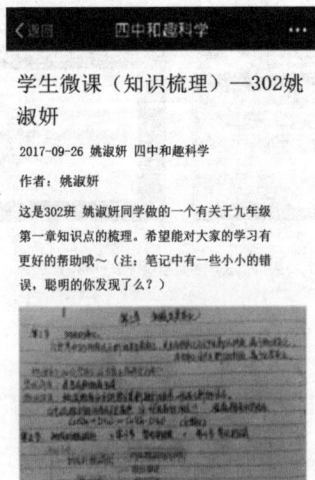

图 4-26　学生制作的微课

（四）微信公众号快速发展阶段

2018 年微信公众号进入了快速发展的阶段。内容不断丰富，目标慢慢扩大，微信公众号在三个年级全面铺开（见图 4-27）。微课内容涵盖面很广，包括寒假作业的评价指导、新课预习、中考复习等，满足学生个性化学习的需求。

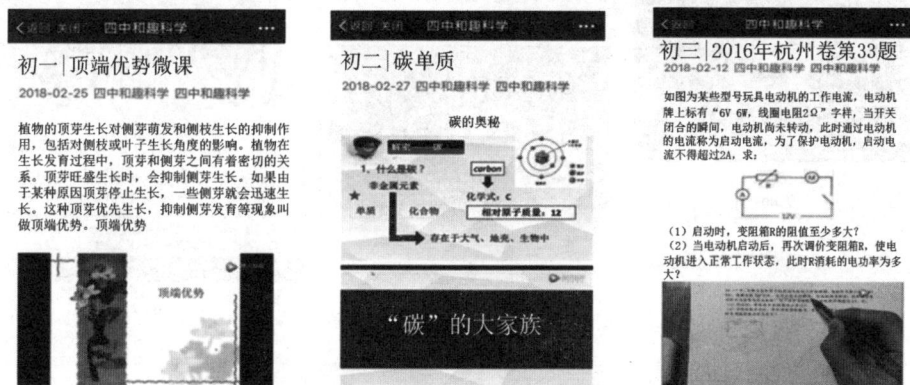

图 4-27　各年级、各类型微课界面

（五）微信公众号初步稳定阶段

在这一阶段，微信公众号开拓了实验操作示范视频模块（见图 4-28）。该模块的拓展对家庭趣味实验和中考考查实验进行了细致完整的展示和讲解，提高了学生假期参与科学实验的热情，规范了学生实验操作，同时对初三学生准备实验中考考查起到显著的指导、辅助作用，视频观看量不断创造新高。

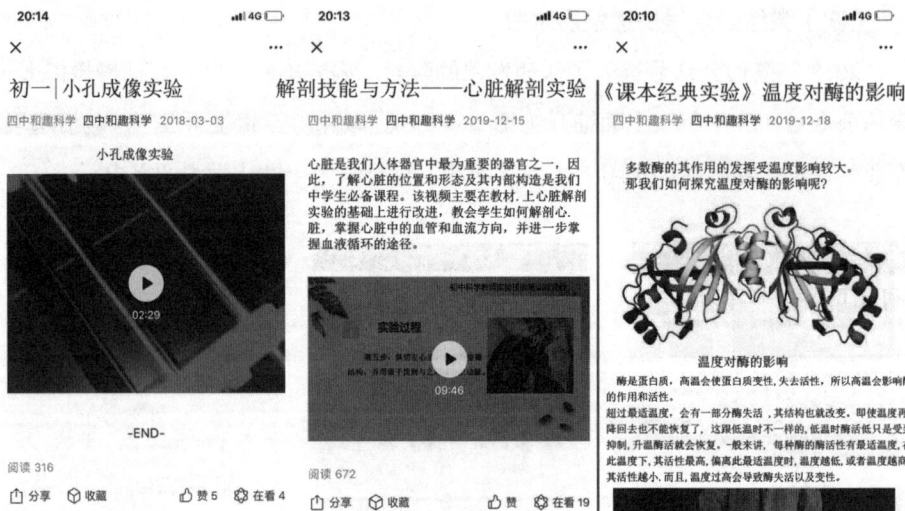

图 4-28　实验操作示范微课截图

二、"四中和趣科学"微信公众号的影响和辐射

截至 2020 年 7 月，"四中和趣科学"微信公众号（见图 4-29）在线活跃人数已经达到了 7500 余人（见图 4-30），平台发布各类微课 1100 余节，并且在持续更新中。受益面由全校扩大到全区、全市乃至全省，切实发挥了辐射引领作用，实现了优质教学资源的共享，促进了教育的均衡发展。

图 4-29　"四中和趣科学"微信公众号二维码

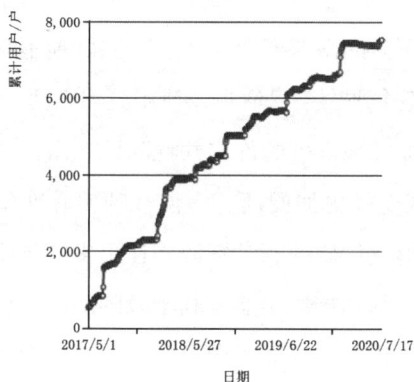

图 4-30　"四中和趣科学"微信公众号累积关注人数

以"四中和趣科学"微信公众号为主平台的公益"云"课堂为学生创设了高水平的线上学习条件，有效提升了教师教学能力和学生学习兴趣，实现线上教学效果大丰收（见图 4-31）。

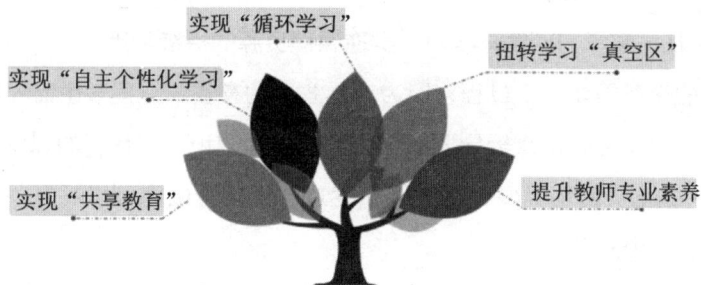

图 4-31　"四中和趣科学"微信公众号的影响与辐射

（一）从单一资源到知识体系，实现在线共享教育

个人的力量是有限的，掌握的教学资源更不全面。微信公众平台的搭建使得教师教学从水渠式的输送变为春雨式的浸润，教学的全面性得到了保证。微信公众平台提供了文本及视频资源的发布功能，多渠道解决学生的疑难问题；提供互动留言功能，教师针对学生问题进行回答，在完善补充的过程中有效解

123

决学生的疑难问题；提供资源分类检索功能，根据不同的年级、不同的微课类型进行检索，便于找到所需的微课资源。在管理团队地不断努力下，目前已完成了发布知识的分类，整个平台条目清晰，使用更加方便。

在教学过程中，教师发现学生的许多共性问题，微信公众平台的微课发布使得"共享教育"的实现途径更加便捷。一位教师精心准备录制一节微课，突破教学中的一个难点，形成优质的教学资源，让更多的学生获益。同时，利用微信公众平台进行微课录制和推送功能有利于教师间的优质资源共享。大家都能利用自己的特长对某一块内容开展微课录制，然后组内教师共同学习，实现优质教学资源的共享。

（二）从被动接受到自主选择，实现自主个性化学习

有的问题对一些成绩好的学生来说并不是难题，但是对于基础薄弱的同学可能就是学习路上的"拦路虎"了。将问题发布在微信公众平台以后，学生可根据自己的需求实现自主个性化学习，可以提高学习的效率，避免了一些无用功，实现了学习方式的转型。

（三）从一遍学习到循环学习，实现课程资源的持续利用

学生的学习需要一个过程，因为个体差异的存在，有些学生需要教师针对一个疑难点对其进行多次辅导才能真正掌握这些知识。在传统的课堂上，教师讲解时"一遍过"的情况便会对一些学生造成困扰。微课可以反复观看，从根本上解决了这个问题。

（四）从缺乏指导到全面帮助，扭转假期学习"真空区"

公众号在解决学生假期学习问题上有着非常独特的优势。以往的假期作业练习，学生自管自地做，作业效率和效果非常低下。在假期和周末，教研组针对疑难问题，及时录制微课，及时解决学生碰到的问题，真正达到了"假期、周末问题有人管"的作业讲评效果。在公众号下方的留言区，学生还可以反馈自己的疑惑，教师收集后及时进行微课制作发布，形成良性循环。

（五）搭建发展脚手架，促进教师专业成长

从黑板粉笔到虚拟讲台，教师专业素养有了大提升。在网络教学的浪潮下，掌握信息化教学技能，学会微课的制作成为一种迫切的需求。学校教师在各级微课制作评比中获奖达 60 多人次。

此外，在对以微信公众平台为载体的网络教学的研究过程中，多篇与之相关的论文和案例孕育而生，在省、市、区各级比赛中获奖并发表，相关课题研究也有了很大的进展（见表 4-4）。

表 4-4 "云"课堂教学相关的部分教科研成果

成果类型	名 称	奖项等级
课 题	基于微课的初中科学"混合式"教学实践与研究	市一等奖、省二等奖
课 题	"微时代"背景下开发初中科学"微信公益学堂"的实践与研究	市一等奖
课 题	基于"云"课堂的初中科学"教·学"模式的实践与研究	市二等奖
课 题	基于微信公众平台的初中科学"教·学"模式的实践与研究	区一等奖
课 题	初中科学学生疑难问题微课开发和利用的实践研究	区一等奖
论 文	周末网络作业：一种减负增效的作业模式	区一等奖、市二等奖，发表于《中学物理参考》
论 文	微信公众号＋微课：践行初中科学课堂教学的转型	省三等奖

教研组在"云"课堂平台建立和微课开发制作等方面的经验获得了师生的认可，也得到了同行的普遍认同。目前，科学教研组已经在省、市、区各级层面开展了多次培训讲座，介绍"云"课堂教学经验，实现区域辐射，不断推动网络教学的发展。

随着"四中和趣科学"微信公众号的创建和运行，学校科学教研组有一大批教师掌握了利用微信公众平台开展云端教学的经验，同时被选拔成区级科学教学微信公众平台——"科学帮帮帮"的核心管理团队，不断致力于让优质的教学资源服务于全区所有师生。

三、公益"云"课堂再出发

在线直播平台的兴起，为"云"课堂教学带来了新的发展机遇。抓住这个契机，科学教研组着手尝试在线直播同步教学。在线直播同步教学是指教师和学生在不同空间，利用在线直播软件开展同时间、同步调、同进度的教与学活动，具有即时性、实施难度低、师生技术学习成本低等特点，是课堂教学的延伸，可以实现师生之间、生生之间线上的互动学习。

（一）在线同步直播教学探索历程

2018 年 7 月 17 日，暑期"云"课堂第一课"浮力的生活应用"试水成功，在线直播平台开始发挥辅助"云"课堂教学的功能，直播也不断形成体系（见图 4-32）。在课前预习中，学生提前观看老师布置的预习微课、预习作业，并带着问题上课，而老师可以查看学生预习报告，进行二次备课，教学方向更为精准。随着暑期直播课程的顺利开展，直播课堂越来越成熟。为了平衡不同校区之间教学水平和能力的差距，精准监管学生周末和假期的作业完成和自主学习情况，同时指导学生进行科学知识的拓展性应用，教研组推出周末和假期的互动直播课，解决假期作业监管等问题。周末直播的主要内容包括本周知识点回顾、本周重难点习题讲解、下周新课预习。这样的直播课堂，能帮助学生及时复习巩固，并能及时了解本周学习掌握情况，及时汇报总结。寒假互动直播最明显的发展体现在开拓了科学史、拓展性课程的模块。该模块的拓展对激发学生学习兴趣、发展学生高阶思维具有非常显著的帮助。到了疫情防控期间，在线同步直播教学开设了新课教学和专题复习两个模块，帮助学生在家自主学习新课，指导学生有效复习，同时对学生开展精准评价。

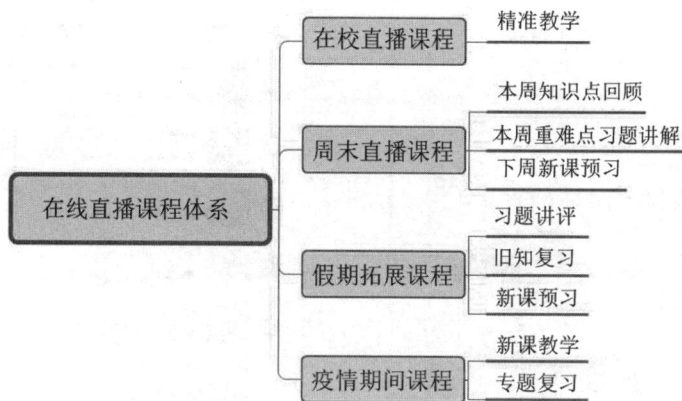

图 4-32　在线直播课程体系

（二）在线同步直播教学的优势和影响

在直播的互动教学中，通过系统自动、手动点名，教师能及时发现并提醒走神学生，确保学生注意力集中。直播过程中，教师可以随机抽取各组员进行答题，保证每个学生的学习效果。通过系统，及时、精准地了解每一位学生的学习情况，根据测试情况调整教学方案；同时，结合电脑数据的直播式课堂，相对于传统课堂投影学生成果的局限性，可以更加全面地了解每个学生的情况，方便教师进行生生之间的对比，达到课堂高效化，助推精准教学的实施。

随着学生不断参与直播课程，教师直播间拥有一套全方位的激励体系。这种线上的平板教学模式，通过"我的成长树""勤学天梯排行"等模式（见图4-33）激励、督促学生，充分调动学生学习的积极性、主动性。

图 4-33　在线直播课程激励模式

相比于微信公众平台的建立，在线同步直播教学起步较晚。但在科学组全体老师的努力下，两年来，科学教研组逐步建立并完善了在线同步直播教学的模式，在已有微课的基础上不断丰富、拓展教学资源，逐步形成包括教案、课件、微课和微练习等在内的校本直播教学资源包。教研组打磨了一系列经典课例，极大地辅助了学校疫情防控期间的线上教学，同时在市、区各级在线教学优质课评比中获奖（见表 4-5）。

表 4-5　疫情防控期间线上教学优秀课例

教师姓名	类　别	获奖等第	课例名称
吕灿琳	湖州市"停课不停学"在线教学优质课	市一等奖	"植物的茎与物质运输"
邢奭文	吴兴区"停课不停学"在线教学优质课评选	区一等奖	"电生磁"

此外，"云"课堂还可以解决偏远地区教学资源匮乏的问题。学校科学教研组作为浙江省"先进教研组"，利用公益"云"课堂，不断向偏远地区输送优质教学资源。学校饶冬娣老师参与浙派名师教学艺术网络直播平台，利用"互联网＋教育"的新型模式，实现同步课堂的开展。为深入贯彻落实全国教育大会

精神，按浙江省政府"互联网＋义务教育"结对帮扶工作要求，依托互联网等信息技术优势，湖州市第四中学教育集团与青川县乔庄初级中学进行了结对帮扶。教研组内的优秀教师陆续开设同步课堂，课程内容从科学课向拓展性课程、STEM 课程辐射，进一步扩大了优质教育资源的辐射影响。

2020 年初，新型冠状病毒感染暴发，教育部研究决定 2020 年春季学期延期开学，并倡议疫情防控期间各地中小学利用网络教学，"停课不停学"。由于前期科学教研组在微课开发制作和公益"云"课堂开展等方面具有丰厚的经验和资源积累，因此面对这种师生教学空间完全隔离的突发问题时，科学教研组快速响应部署线上教学，丝毫不慌乱。疫情防控期间，教研组迅速安排好初中三个年级科学线上学习任务单，开发制作精品微课 120 余节，同时跟进线上学习的反馈与评价。高效、精准的"云"课堂教学带来了丰硕的教学成果，获得学生和家长的高度评价。

在现代化教育改革的浪潮中，科学教研组顺应时代发展的需求，不断探索公益"云"课堂教学模式。教研组全体教师学习先进教学技术手段，利用假期和周末，不计报酬、不辞辛苦地制作微课，搭建平台，开设直播……一路走来，在"云"课堂不断推进的过程中，团队的凝聚力得到了增强，实现了教师专业成长和学生科学素养的发展。今后，科学教研组也将紧跟信息时代发展的步伐，继续在线上"云"课堂教学中创新，不断深化"和趣"科学的内涵。

第五章

拓新思路，开发"和趣"课程

　　浙江省《基础教育课程改革纲要（试行）》指出，要大力推进基础教育课程改革，构建符合素质教育要求的课程体系，强调要培养学生的创新精神、实践能力、科学和人文素养。浙江省《关于深化义务教育科学课程改革的指导意见》也明确提出，要完善科学课程结构，丰富科学课程内容，全面提高学生的科学素养。因此，如何改变现阶段科学课程过于注重书本知识、缺乏整合的现状，加强课程内容与学生生活以及现代社会和科技发展的联系，精选终身学习必备的基础知识和技能，提高学生素养，成为课程改革的重点。

　　在课改理念的影响下，科学教研组积极进行科学校本课程改革的探索实践。2010 年，教研组开始从实验入手，通过家庭实验、拓展实验等形式开展学科活动，创建多个平台供学生展示，大大提高了学生的兴趣和积极性。但是渐渐地，教研组教师发现零星的实验不能满足培养学生知识综合运用能力的要求。2015 年，浙江省教育厅下发的《关于建设义务教育拓展性课程的指导意见》提出，拓展性课程是课堂改革的重要形式。因此，教研组在原来学科活动的基础上积极进行拓展性课程的探索，形成相关的案例和系统教材，并在各年级展开。但是经过几年的实践发现，拓展性课程的实施还不能高质量地达到学生素养培养的要求。正在此时,STEM 教育兴起,吴兴区的 STEM 教育逐渐成为浙江省的典范。在吴兴区研训中心的指导下,科学教研组开始探索 STEM 教育,尝试 STEM 理念下的科学课,逐步形成教研组 STEM 特色教育。就这样,科学教研组结合学校"和合共生"的理念,凸显科学学科的趣味性和思维性,逐步形成"和趣"课程(见图 5-1)。

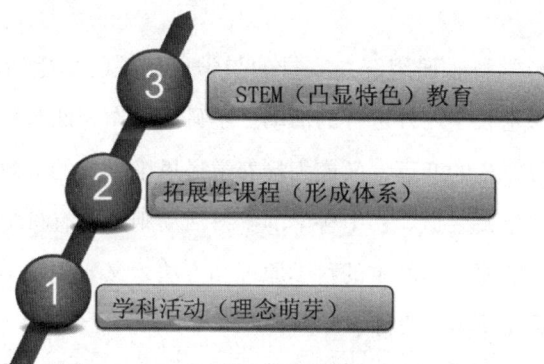

图 5-1 "和趣"课程体系

从"和趣"课程理念萌芽初期零散的学科活动到形成系统的拓展性课程再到具有教研组的 STEM 特色教育模式,科学教研组不断拓新思路,改革课堂教学,开发并完善"和趣"课程,努力创设"和谐、趣味、合作共生"的教学氛围,发展学生思维,提高学生的科学素养。

131

第一节　学科活动："和趣"课程初具雏形

　　学科活动是指学科教研组统一安排的与学科相关的学生活动，是与课堂教学有关又是在课堂教学之外进行的活动。学科活动作为课堂教学的补充和拓展，既实现了学习方式的变革，又成为培养学科思维方式的有效载体，更是培养学生科学素养的重要渠道。初中科学的学科活动则是具有科学学科特点的学生课外探究活动，既要传递基本的科学原理和方法，又要提升学生的动手操作和实践能力，还要发展学生的科学素养。

　　实验是学习科学的重要途径。《科学课程标准》也明确指出："观察现象、进行演示和学生分组探究实验，能够使学生对科学事实获得具体的、明确的认识，是理解科学概念和科学规律的必要基础。观察和动手实验对培养学生的观察和实验能力，培养实事求是的科学态度，激发学习兴趣，具有不可代替的重要作用。"因此，科学教研组尝试把学科活动和实验结合起来，利用科学教研组的师资力量，分年级、分主题组织学生有序开展实验方面的有关活动，以此实现学科素养的提升。

一、多形式探索，凸显学科特色

　　教研组从 2010 年开始探索以实验为载体的学科活动，确定"培养学习兴趣""提升实验技能""发展学科思维"等为学科活动的主题。基于不同主题选择相应的学科活动内容，明确活动组织形式为家庭实验、考核实验、拓展实验等。通过定期展示、评比等方式扩大家庭实验的参与度与影响力；组织每学期一次的学生实验技能考核；各年级确定学生活动主题，每月各年级组织一次拓展性实验类学科竞赛活动。利用线上平台推送研究活动成果，扩大研究成果的受益面。

（一）家庭实验：让兴趣萌芽

家庭实验作为课堂实验的延续和补充，可以为科学教学提升活力和乐趣，进一步激发学生的兴趣，促使学生多观察、多思考。学生可以在家中进行实验与探究，在活动中理解和掌握科学原理，在活动中体验科学的魅力。教研组根据教学进度，挖掘了每册课本中可拓展的家庭实验：如初一年级学生自制温度计、制作地球仪、纸船烧饭等，初二年级学生制作密度计、制作净水器、自制灭火器等，初三年级学生自制酸碱指示剂、制作生态瓶、自制小杆秤等。

学生在家庭实验的过程中展现出不拘一格的想象力、良好的动手能力和成果汇报能力。例如，学生在制作酸碱指示剂的过程中尝试了多种物质，白醋、苏打水、洗衣液、酒精、汽油、食盐水等，实验过程及结果的呈现方式也多种多样，有图片、视频以及文字报告等。

案例 5-1

自制酸碱指示剂

【实验原理】

花青素在不同的酸碱环境中，能呈现出不同的颜色。因此，可以用来做酸碱指示剂。

【实验材料】

月季花等的各色花朵，紫罗兰等的叶子，红萝卜、紫萝卜、紫扁豆、海棠果、山楂国等的果皮等。

【实验步骤】

（1）取这些植物的花、果、茎、叶切碎捣烂，加入酒精溶液搅拌，充分溶解。

（2）用多层纱布过滤，得到含花青素的酒精溶液。

（3）仔细观察滤液（自制酸碱指示剂）的颜色。取若干一次性杯子，分别加入白醋、食盐溶液、小苏打等，然后滴加自制酸碱指示剂，振荡后通过变色情况判断物质的酸碱性。

案例 5-2

自制家庭灭火器

【实验原理】

通过醋酸和碳酸氢钠反应产生大量不能燃烧也不能支持燃烧的二氧化碳，达到灭火的目的。

【实验材料】

吸管、空饮料瓶一个、小苏打粉（碳酸氢钠）一包，醋一瓶。

【实验步骤】

（1）准备好空饮料瓶，瓶盖上插上吸管。

（2）将醋倒入饮料瓶中。

（3）再向瓶中加入适量的小苏打，盖上盖子，将饮料瓶对准火源（见图5-2）。

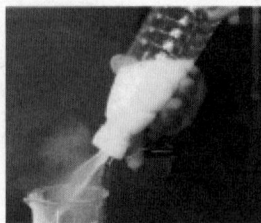

图5-2　自制家庭灭火器

案例 5-3

自制电动机

【实验原理】

通电线圈在磁场中受到力的作用从而发电。

【实验材料】

漆包线（或铜丝）、5 号或 7 号干电池、圆形磁铁。

【实验步骤】

（1）将漆包线的一端刮去漆皮（为了保证漆包线与电池接触的地方能够导电），在圆形磁铁上绕一圈，圈比磁铁略大，不要太紧。

（2）将漆包线绕成如图 5-3 所示形状，底端圆环到顶端凹陷的距离略长于电池，用美工刀刮去凹陷内侧的漆皮。继续绕制另一边，结尾处同样刮去漆皮，在磁铁上绕圈。

（3）将磁铁吸在干电池某一极，套上线圈，确保漆包线裸露部分正常接触电池上端电极和下端磁铁。

图 5-3　自制电动机

以上列举的家庭实验都是教研组教师综合考虑实验可行性、操作简便性、趣味性等各方面因素后确定的。实验取材方便，可操作性强，学生基本都能独立完成。实验过程能很好地挖掘学生独立学习的潜能，也能培养学生主动探究的精神。

（二）考核实验：助能力提升

考核实验旨在考查学生的综合实验能力，包括设计实验方案、正确操作实验、记录处理数据、归纳实验结论等。每学期末，利用科学组的师资力量，各年级都会进行统一的实验技能考核。考核采用独立完成的形式，教师根据学生的操作规范程度、实验结果等进行评分，并将分数计入期末考评，从而促使学生更重视科学实验，并且在平时的实验中能更注意自己操作的规范性，多注意一些细节问题，同时促使老师更重视对学生实验活动能力的培养。针对考核过程中暴露的问题进行及时反馈，对教研组的科学教学工作起了很大的促进作用。表 5-1 是各年级主要的考核实验内容。

表 5-1　各年级考核实验内容

年级	考核实验名称
七年级	凸透镜成像规律
	制作洋葱表皮细胞（口腔上皮细胞）临时装片
	测量物体的密度
	探究影响滑动摩擦力大小的因素
八年级	粗盐提纯
	氧气（二氧化碳）的制取和性质研究
	探究串并联电路电流的特点
	探究电流与电压的关系
九年级	杠杆平衡的条件
	温度对酶催化作用的影响
	物质鉴别（食盐水和稀盐酸）
	测定小灯泡的额定功率

考核实验增强了学生的基本实验技能，包括观察能力、实验记录能力、异常现象分析能力等。以"测定小灯泡的额定功率"为例，实验开始前，我们将实验考核中需要的实验器材呈现给学生，学生对实验器材进行观察，明确实验的操作细节。例如，学生观察到桌面上有螺丝刀，而这个看起来与实验没有直

接的关系；但是联想到实验所需的电压表和电流表，那它的作用也就明确了，学生进而快速地反应出需要用它对电表进行调零。实验器材还包括少量干扰器材，即实验不需要的器材，这能在更大程度上锻炼学生的观察分析能力。

实验过程中需要学生及时准确地记录下有效信息，包括电压表、电流表的数据，为实验结论的分析提供证据支持。通过实验操作，学生会获得实验的数据，需要运用合适的计算公式对这些数据进行处理，计算得出灯泡的额定功率。

实验操作过程中也会出现各种各样的突发情况。例如，小灯泡连接完毕以后不能发光，学生要马上检查电路，对电源到导线的连接再到各个元件逐步排查。学生在实验过程中需要不断进行观察，找到解决方案，完成实验。

案例5-4

"测小灯泡的额定功率"考核实验试题及评分标准

【试题说明】

1.画出测小灯泡功率的电路图。

2.按电路图连接电路。

3.调节滑动变阻器，使小灯泡在额定电压下发光。

4.记录小灯泡额定电压、额定电流并计算额定功率。

实验记录单

姓名：_____ 学号：_____

1.请在下面画出实验电路图

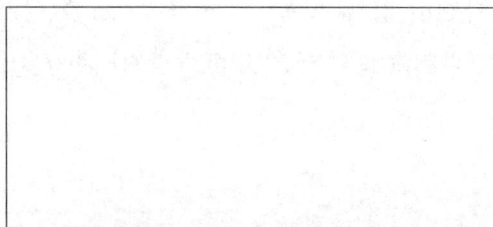

2. 数据记录

电 压（V）	电 流（A）	电功率（W）

评分标准如表 5-2 所示。

表 5-2　实验考核评分标准

评分标准	得 分
1. 画出电路图（1分）	
2. 检查实验器材是否齐全（1分）	
3. 观察电压表、电流表指针是否指零，如不指零，需调零（1分）	
4. 按电路图连接电路（连接时开关断开），电流表和电压表量程选择正确（2.5分）	
5. 滑动变阻器滑片调在电阻值最大处，再闭合开关（1分）	
6. 移动滑动变阻器滑片改变滑动变阻器的阻值，使小灯泡两端的电压等于额定电压并记录电压值（1分）	
7. 观察电流表的数值并记录（1分）	
8. 断开开关，计算并记录小灯泡额定功率（1分）	
9. 整理器材（0.5分）	
总　计	

（三）拓展实验：促思维发展

拓展性实验是对初中科学课堂教学的延续和升华，不仅能拓展学习内容，也可以拓宽学习空间。丰富多彩的拓展性实验，让学生从认识到实践、从实践到创作的思维不断提升。教研组制定了各年级的拓展性实验（见图 5-4）。七年级有鸡蛋撞地球、自制小孔成像仪等，八年级有水火箭、探究使木条复燃的氧气浓度等，九年级有自制汽水、空气中甲醛含量的检测等。

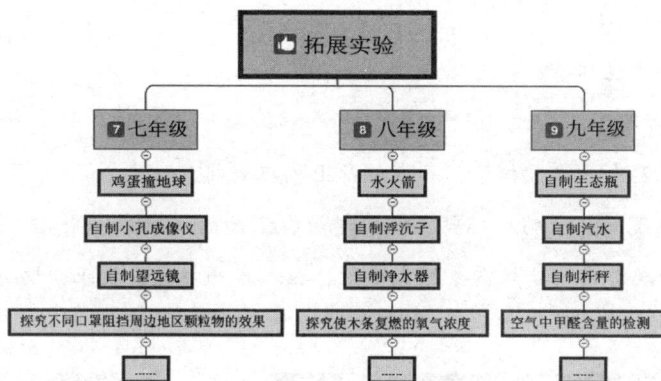

图 5-4　各年级部分拓展实验

拓展实验因为其开放的本质，为学生的大胆设想提供了可能。例如，"设计一个证明二氧化碳能在水中溶解"的实验，学生给出了非常多样的思路。有同学提出可以将装满二氧化碳的试管倒扣在水面上，通过试管中液面的变化来判断；有同学补充要设置对照实验。在此基础上，小组合作设计并完善实验方案。在这个过程中，学生要考虑到实验的合理性、可操作性等各方面的因素。在设计实施过程中学生势必会遇到各种问题，在解决问题的过程中其思维也能得到发展。如学生在设计水火箭、减震器时，思考如何使水火箭的射程再远一点，如何使减震器下落的速度慢一点。

案例 5-5

制作"走马灯"

【实验原理】

气温高的地方空气呈上升运动，而气温低的地方空气呈下沉运动，从而形成了空气的对流。

【实验材料】

两个一次性杯子，一支蜡烛

【实验步骤】

（1）取两个一次性杯子，并在杯身上相应地刻上口子。

（2）在下面杯子的底部粘上一支蜡烛，上面的杯子穿一个孔，穿上线，点燃蜡烛（走马灯内的蜡烛需要切成小段，放入走马灯时要放正，切勿斜放）（见图5-5）。

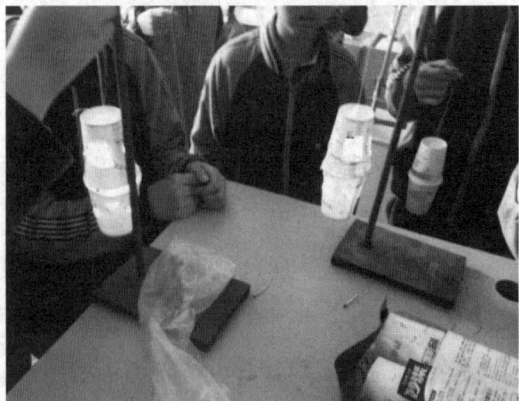

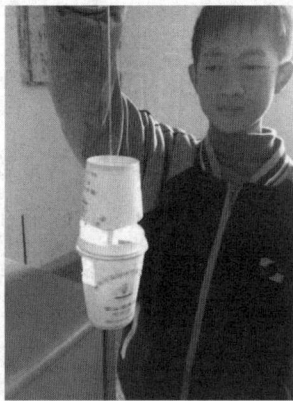

图5-5　制作"走马灯"

该拓展实验的原理并不复杂，但是在制作过程中要从杯底圆心穿孔，如何准确找到圆心就是学生需要解决的第一个难题。蜡烛在实验中保证空气对流的形成，蜡烛的大小、固定位置则是学生需要解决的第二个难题。学生在发现问题、解决问题的过程中，思维能力不断提升。

二、多平台展示，拓宽活动空间

由于课堂时间和空间的局限性，学生实验的展示交流有很大的局限性。往往只有个别小组能进行展示，改进完善的时间也不充裕，很多家庭实验、拓展实验无法在课上进行交流。针对这一现象，科学教研组通过多种平台，充分展示学生的优秀成果，比如社团活动、线上平台、科艺文体节等。其中，公众号等线上平台还实现了与线下的结合，拓宽了学科活动空间，提升了学生的兴趣和参与度。

社团活动为学生提供一周一展的机会。为了让学生充分展示交流他们的实验，教研组开设了科学实践社，与学校每周三下午的社团同步。社团课上设置专门的展示环节，学生可以展示自己完成的家庭实验和拓展实验。很多学生带来了自己的实验作品，比如垃圾袋和细线制作的孔明灯；一次性筷子和泡沫做成的减震装置等，并介绍自己的实验过程、感悟。

教研组还借助学校网站、学科公众号等建立了线上平台一月一评的机制，鼓励学生将课外实验的制作过程拍成图片或视频，由教师审核，选拔出一些优秀的实验视频并评选出一、二、三等奖，公布在学校网站和公众号上。这不仅调动了学生完成实验的积极性，而且为学生提供了相互学习的机会。

教研组还将学科活动融入学校的"科艺文体节"活动，每学期举行一次实验大赛。实验大赛以拓展实验为主，赛前明确主题，以班级为单位，在年级里统一评比，并将结果计入科艺文体节的班级总分。在"鸡蛋撞地球""水火箭"等比赛过程中学生尽显才智，动手、动脑相结合，这是思维的碰撞，更是班级团体智慧的结晶。在此基础上，我们鼓励学生将拓展实验进一步改进、创新、整合，形成科研成果，也为参加青少年科技创新大赛和"小制作、小发明、小论文"评比做好准备。

案例 5-6

科艺文体节"水火箭"评比方案

1. 活动背景

"神舟系列"成功发射与安全着陆，我国多人航天飞行圆满成功，实现了中华民族探索太空的千年梦想，标志着中国人民在攀登世界科技高峰的征程上又迈出具有重大意义的一步。"崇尚科学，大胆实践"的航天精神对青少年尤为重要。

2. 活动内容

（1）航空航天知识及科学家先进事迹介绍。

（2）火箭模型设计。

（3）水火箭的制作与发射比赛。

3. 活动过程

（1）运用多种形式为学生介绍航空航天知识，如：航空航天知识专题讲座，组织观看"神舟五号"飞船发射接收专题片。

（2）学生在课后收集航天科学家先进事迹，以班级为单位进行交流，挑选出优秀的资料再在全校交流，可以是事迹介绍、图片展览、情景剧再现等形式。

（3）"水火箭"设计：学生自己阅读相关资料，教师进行有效的指导，学生动手进行组装调试，熟悉设计制作的每一个环节。

（4）"水火箭"的制作与发射比赛：以班级为单位组织学生进行竞赛，要让学生团结协作，培养学生奋勇向上、勇于争先的拼搏精神。图5-6是科艺文体节"水火箭"比赛现场情况。

4. 评价表

评价项目	具体内容	分值	得分
材料选择	选材简洁	10	
	效果明显	10	
"水火箭"制作	原理正确	20	
	操作安全、用时少	10	
	外观美观	10	
操作实践	装水量适宜	10	
	射程远	30	
总　分		100	

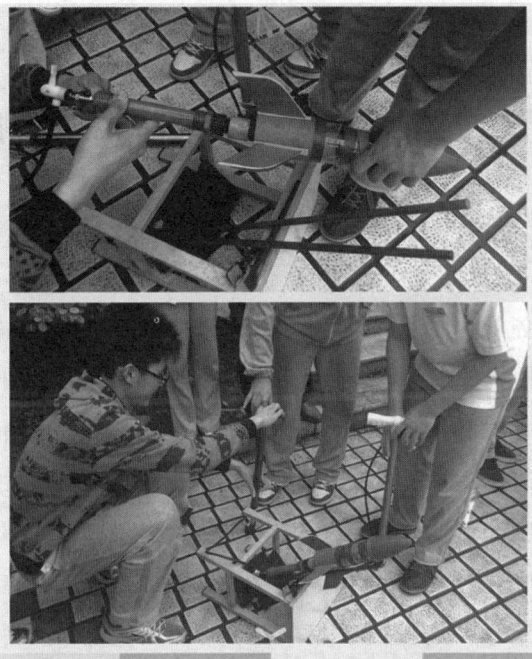

图 5-6 科艺文体节"水火箭"比赛现场

第二节　拓展性课程："和趣"课程蓬勃发展

2015 年浙江省教育厅下发的《关于深化义务教育课程改革的指导意见》中，首次把义务教育课程分成基础性课程和拓展性课程两类。基础性课程指国家和地方课程标准规定的统一学习内容，拓展性课程指学校提供给学生自主选择的学习内容，强化选择性课程成为这次课改的一大亮点。拓展性课程的实施对于科学的教学和学生都有非常重要的意义。它大大有别于传统课堂教学，在课堂教学的基础上，从学生的兴趣和实际需要出发，通过拓展实验与探究领域，挖掘实验与探究的深度，构建知识体系，逐步掌握解决复杂问题的方法。拓展性课程内容的丰富性和趣味性，大大激发了学生的好奇心和探究的欲望，可以有效提升学生多方面的能力。

教研组经过科学学科活动的改革，在学生课后实验、课外实践活动、社团课程等方面积累了丰富的实践经验，为拓展性课程的开发奠定了基础。教研组整合了之前多个优秀活动案例，慢慢地将课例系统化、章节化，让其有更强的操作性和更好的实施效果，着手开发编写具有科学学科特色的拓展性课程教材并加以实践（见图 5-7）。

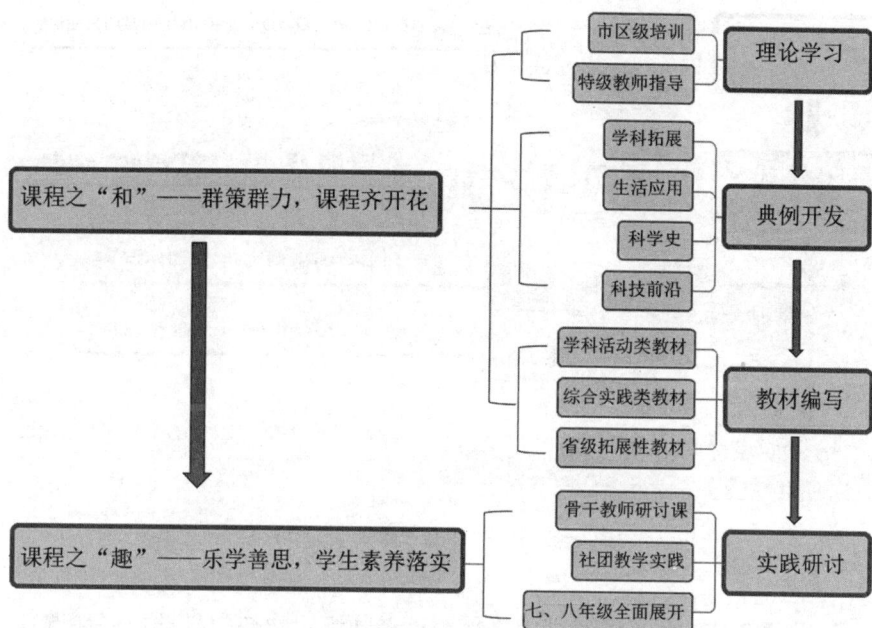

图 5-7　拓展性课程发展过程

一、理论学习，理清课程思路

为了提升拓展性课程的相关理论水平，教研组全体教师积极参加市、区级相关培训（见图 5-8）。

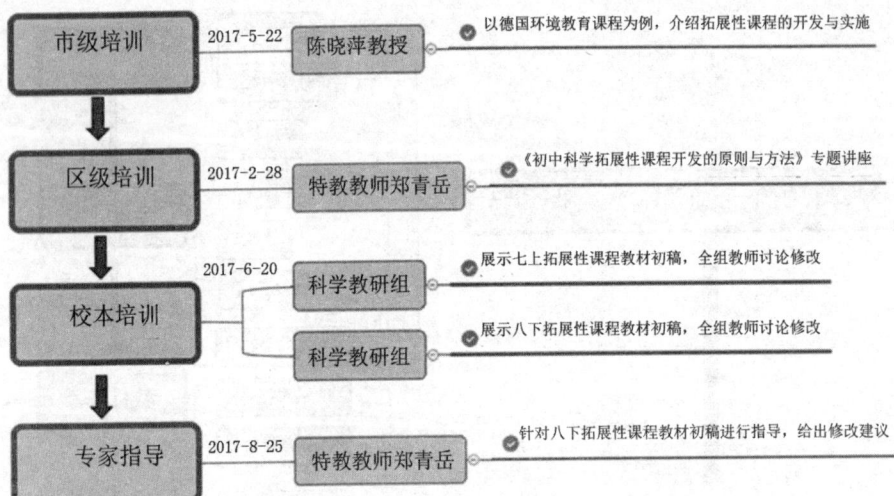

图 5-8　拓展型课程各级培训与研讨

　　2017 年 2 月，吴兴区研训中心侯小英老师组织的初中科学拓展性课程开发培训在湖州四中白鱼潭校区举行。此次培训特地邀请了浙江省特级教师郑青岳老师。郑老师的讲座"初中科学拓展性课程开发的原则与方法"从课程内容可操作性、实验器材选择、活动时间安排、活动的安全性与趣味性等多方面展开。参与《科学》八年级下册教材拓展性课程案例撰写的教师也依次展示了编写的案例，并向郑老师请教。郑老师从活动方案的可行性、方案的具体开展步骤等方面给予了很多专业的建议。

　　上述培训让教研组教师对拓展性课程有了一定的了解，开始积极进行课堂实践，但是对于课程开发的方向和重点还有很多困惑。5 月 22 日，陈晓萍教授的专题讲座——"以能力为导向的中德环境教育案例分析"让大家明确了方向。讲座围绕拓展性课程的开发与实施展开，从"开发的框架结构""开发原理与方法说明"和"三维框架结构的运用"三个方面对德国帕绍大学环境教育课程的开发作了介绍。"气候大使""环保型饮食项目"这两个德国环境教育课程中具有启发性、指导性和操作性的案例，不仅对拓展性课程的开发有很好的指导作用，而且对课堂教学有很大的借鉴意义。

高水平的理论培训让教研组所有教师收获颇多，专家的肯定和鼓励也极大地激励了教研组成员。因此，教研组热情满满地投入校本化《拓展性课程》教学资料的编写中。

二、典例开发，践行课程方向

《科学》作为初中阶段的一门核心课程，承担着培养学生科学素养的重要责任。开发多种类型的科学拓展性课程，让学生了解丰富的科学知识，了解科学知识在日常生活中的应用，了解科学知识发展的历程，无论对学生今后的学习还是科学素养的提升都是非常有益的。教研组从学科知识、科学史、生活应用和科技前沿等四方面着手开发科学拓展课程案例（见图5-9）。

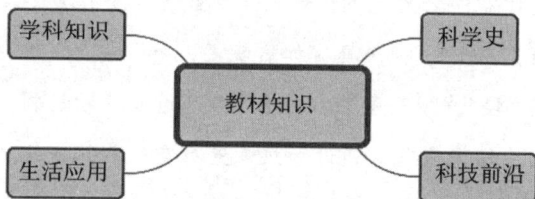

图5-9　拓展课程案例的开发方向

（一）延伸学科知识，发展学生思维

初中科学教材在每节内容之后设置"阅读"或者"科学·技术·社会·环境"栏目，作为本节知识的拓展部分。由于篇幅有限，这部分内容在介绍一些科学原理的应用时是点到为止的，在常规课堂上不能留给这部分内容太多时间。但是在教学实践中我们发现，学生对这部分内容非常感兴趣，所以科学老师可以在这里面选取部分内容进行二次开发。

例如，课本在介绍热气球的升空原理时只简单地介绍了热气球是利用浮力大于重力升空的。有些学生对这点是存在疑问的：我们见到的热气球本身的重量并不轻，热气球在空气中的浮力能否大于其自身重力？为了解决学生的疑惑，我们可以开设相应的拓展课，介绍热气球的基本构造和不同类型的热气球。通过模拟实验，分析热气球所受重力和浮力的关系，让学生理解热气球升空仅靠浮力是不够的，还需要考虑空气动力学的因素，为学生的后续发展奠定基础。

案例 5-7

"热气球"是如何升空的？

【介绍热气球的结构】

结构包括：球体、燃烧器、管路、吊篮、液化气瓶（特制）、鼓风机、提袋、辅助设备等。

【介绍热气球的类型】

ＡＡ型：填充比空气轻的气体，如氢气或氦气，没有加热装置。

ＡＭ型：既填充"轻气"，又具有加热装置。

ＡＳ型：填充"轻气"，气囊密闭，高度可通过充气量控制，用于科学研究。

ＡＸ型：气囊中填充空气，通过加热装置对空气加热，使之变轻获得升力，又称为热气球。

【模拟ＡＸ型热气球升空——分析"孔明灯"升空的动力来源】

【查找空气密度变化对孔明灯所受浮力的影响】（见表5-3）

表5-3　空气密度变化和孔明灯所受浮力大小

温度 $t/\text{℃}$	20	50	100	200	300
气体密度 ρ（$\text{kg}\cdot\text{m}^{-3}$）	1.205	1.093	0.946	0.746	0.616
所受浮力 F/N	0	3.1	7.3	12.9	16.5

【孔明灯制作】

为了让学生更加直观地观察孔明灯升空过程，可以增加动手制作环节（见图5-10），具体步骤如下：

（1）将垃圾袋撑开成直径约60cm的球状物。

（2）将两根细铁丝相互垂直交叉，并系牢在塑料上，在上面系上细线。

（3）把酒精棉球点燃扎在铁丝中心，等垃圾袋内部的空气烧热之后，稍用力向上托起垃圾袋，垃圾袋就会升空。

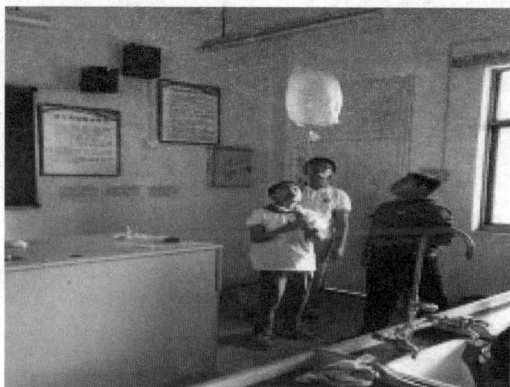

图5-10　自制孔明灯升空情景

通过拓展案例中的知识介绍和活动，从知识的广度来说，学生知道了不同热气球的升空原理其实是有差别的；从知识的深度来说，学生理解了用阿基米德原理计算浮力，只适用于氢气球、氦气球和潜水艇等密闭物体，不适用于孔明灯和热气球。在拓宽学生视野的同时，发展了学生的科学思维。

（二）还原科学史，体现科学本质

科技史主要介绍的是科学家的探索过程和思考方式，可以加深学生对科学过程、方法、概念、原理的理解，帮助他们实现科学知识的建构，形成正确的科学观点。科学的教学过程如果能体现科学思想、科学方法与科学本质，还原科学发展的真实过程，比简单的传授科学知识更有价值、更有力量。教材中对于科学史也会有介绍，但是通常比较简略，所以我们的拓展性课程案例也可以朝科学史的方向开发。

例如，在"构成物质的微粒"这一部分内容中，我们将介绍教材中没有讲述的电子、质子、中子的发现历史，让学生体会到科学家是如何发现疑问、做出假设、设计模型并加以改善的。又如，在学习了氧气的相关知识后，可以开设关于"氧气发现史"的拓展课（见图5-11），介绍法国化学家拉瓦锡如何推翻统治化学理论界达百年之久的燃素说，创立了氧化说；感受拉瓦锡冲破旧观念的束缚，以全新的观点论证事实，为当时的化学界带来新的突破和变革的过程。

案例5-8

氧气的发现历程

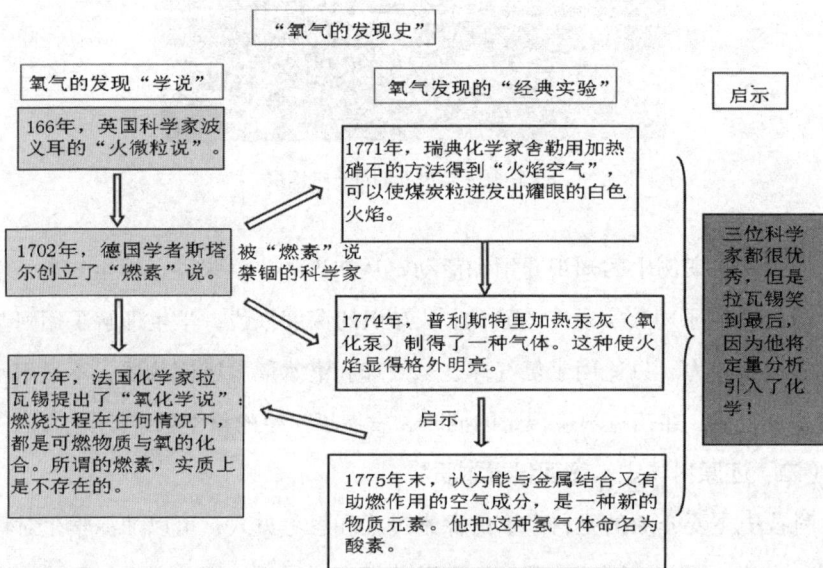

图5-11　氧气发现的科学史

开发此类科学史课程案例的过程中，教师要避免科学事件平铺直叙，要引导学生关注当时的时代背景、仪器水平、科学家的精神，培养学生的判断和思考能力，让学生敢于质疑，并通过科学途径解释和论证，为未来不断探索科学之谜培养良好的批判精神。

（三）彰显科学生活化，展现科学魅力

初中科学课程的任务主要是提升学生的科学素养。学生学习科学知识后，能利用这些知识去识别科学问题，解释科学现象，适应现代科技生活。因此，我们在科学拓展性课程中，要尽可能介绍与生活密切相关的科学知识，让学生体会到科学不但可以解释生活中出现的大量现象，而且在生活中有着广泛的应用，这些应用能极大地改善人类的生活方式和生产方式，提高生产效率。科学在生活中的广泛应用会使学生发现科学不但有趣，而且有用，同时关注科学究竟是怎样被应用于人类生活之中，在人类生活中究竟扮演着怎样的角色。科学在生活中的广泛应用是学生学习科学的重要外在需求，外在需求也是学生学习科学的动力来源之一。

例如，在初中科学中，有关静电的知识介绍是非常简单的，主要内容有物体带上电荷之后，会吸引轻小物体；电荷之间会相互作用，同种电荷相互排斥，异种电荷相互吸引。但静电知识的应用却是非常广泛，例如，静电喷漆、静电喷洒化肥、静电空气净化机。教师在拓展性课程实施的过程中就可以展示静电除尘器，并介绍相关原理（见图5-12）。为了加深学生的理解还可以让学生动手做一做静电除尘器，在制作过程中学生自然会主动思考"如何获得带电体""如何改进装置让效果更好"等问题，实现"知识"到"问题"的转变，促进思维的发展。

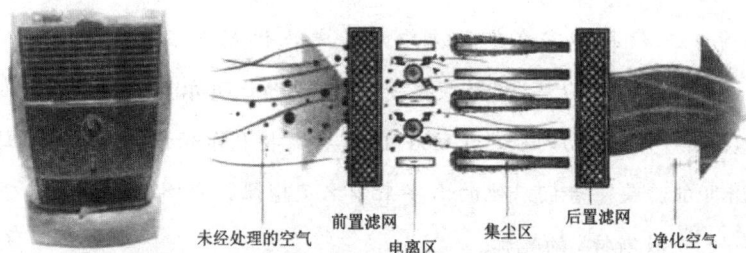

未经处理的空气　前置滤网　电离区　集尘区　后置滤网　净化空气

图 5-12　静电除尘器及其原理

除了教材中的知识可以作为拓展的点，平时我们遇到一些有价值的习题也可以作为拓展课程开发的点，通过拓展课程联系生活实际。

（四）介绍科技前沿，拓展科学视野

初中科学教材中介绍的多是基础性知识，这些知识是为学生今后学习科学知识打基础的；由于教材的容量有限、教学的课时有限，初中科学教材中对于最新科技知识相关联的内容介绍较为欠缺。例如，在"夸克之上，宇宙之下——物质的结构"科学知识拓展课中，教师介绍利用质子、重离子治疗癌症。上海质子重离子医院 2015 年正式开张，用 PET – CT 检测恶性肿瘤（实质是利用同位素来查找恶性肿瘤细胞），等等。又如，在"碳的大家族——教科书以外的新成员"中，教师将介绍富勒烯、石墨烯等先进的科技材料给人类生活带来的改变。把这些先进的科学技术知识引入科学知识拓展课程，让仅有初中知识水平的学生也能了解当今科技前沿。

案例 5-9

碳的大家族——教科书以外的新成员"富勒烯和石墨烯"

1. 富勒烯

【发现】

1985 年，三位科学家在氦气流中用激光汽化蒸发石墨，得到了 C60 分子——足球烯又称"富勒烯"，并获得了 1996 年的诺贝尔奖。为了表达对美国建筑师巴克敏斯特·富勒的敬意（他在 1967 年蒙特利尔世博会上设计了球形美国馆），诺贝尔奖获得者们以他的名字来命名足球烯，也叫"巴基球"，"巴基"是他名字"巴克敏斯特"的昵称。

【应用】

富勒烯的应用见图 5-13。

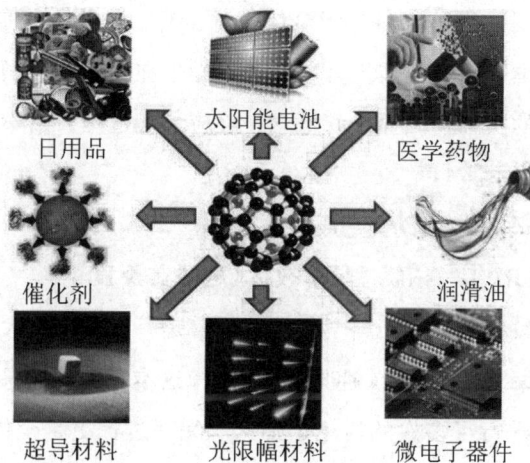

图 5-13　富勒烯的应用

2. 石墨烯

【发现】

英国曼彻斯特大学物理学家安德烈·盖姆和康斯坦丁·诺沃肖洛夫成功从石墨中分离出石墨烯，并获得了 2010 年的诺贝尔物理学奖。石墨烯是当今世界最受瞩目的材料之一，虽然只有一个碳原子那么厚，但它的强度却是钢的 100 倍，且灵活度非常高。

随着拓展性课程案例开发方向的逐渐明确，教研组全体教师积极参与案例的开发编写，案例的内容和形式不断丰富。同时，教研组在常规课堂中加以实践，也取得了一定效果，一定程度上促进了科学课的常规教学。

三、教材编写，形成课程载体

随着拓展性案例开发的不断实践，教研组积累了很多优秀案例。但是我们渐渐发现，这种零星的案例缺乏体系，实施效果有限，不利于课程的长期持续开展，需要更加系统化。如何才能形成拓展性课程体系呢？教研组意识到需要依托系统性的教材。因此，科学组全体教师全身心地投入拓展性教材的编写，力求既体现对课本知识的拓展提升，又兼顾学生在相关学科领域的知识、能力水平和学校教学的实际，凸显核心概念，反应学习过程，给学生提供高质量的教学内容和课程体系。

（一）自主编写科学活动类拓展性教材

1. 2013年初次编写拓展性校本教材《趣味实验DIY》

拓展性校本教材的编写于科学教研组而言是一次难度较大的尝试。教研组教师之前都没有编写的经验，《趣味实验DIY》这本教材从目录的确定到主题的选择，教研组都进行了多次的讨论、筛选。编写过程更是全体组员群策群力，历时一个学期多才最终完成。之后，该教材在吴兴区第二届优秀微型校本课程评选中获得初中组一等奖（见图5-14）。

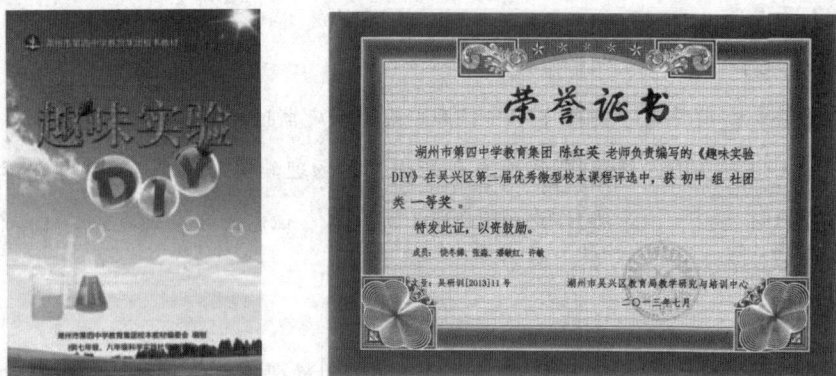

图5-14 《趣味实验DIY》封面及获奖证书

2. 编写七年级上册拓展性校本教材《实验与探究》

在教研组全体组员共同参与下，整合提炼了之前积累的大量家庭实验、拓展实验相关的案例，于2016年4月完成了七年级上册《实验与探究》教材的初稿。6月份校本培训之后，经过教研组的讨论研究，历经一整个暑假对教材进行再次修改和完善，于2016年8月形成了七年级上册《实验与探究》教材的终稿（见图5-15）。该教材参加了吴兴区第二届学校优秀拓展性课程评比并获得三等奖。

目录

图 5-15 七年级上册《实验与探究》封面及目录

　　该教材是对课本知识的拓展和深化，分为开启科学之门、学会观察、寻找证据和身边的探究四章内容，选取了与浙教版科学教材、学生生活实际密切相关的课后实验，以"拓展性实验和探究方法"为指导核心，重点培养学生的科学探究能力和自我学习以及思考能力。

3. 编写八年级下册拓展性校本教材《探究与制作》

　　基于七年级上册拓展性校本教材《实验与探究》的编写经验和基础，2018学年全体组员又开始了八年级下册拓展性校本课程《探究与制作》的编写工作（见图 5-16）。该教材的编写请到了浙江省特级教师郑青岳老师进行指导。

　　该教材分为探究类和制作类两部分，基于学生经验，密切联系学生的生活和社会实际，更加注重对知识的应用，以学生为活动主体，让学生在学习相关科学知识的基础上进行实践、也更加强调多样化的实践性学习。

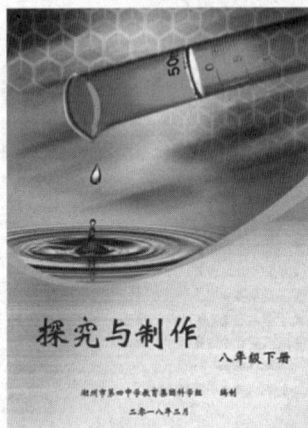

图 5-16　八年级下册《探究与制作》封面及目录

　　这本拓展性课程教材从《科学》教材中的研究性学习课题出发，在课堂内带领学生体验更广泛的探究领域。其内容走出课本，走出传统知识教授方式，在课程结构上给予学校教师及学生"课程最大的自由度""最广的空间""最为灵活的实施"，取走了罩在学生身上的"玻璃罩"，可以使学生在成长的道路上跳得更高、走得更远。

（二）编写综合实践类拓展性教材

　　随着拓展性课程教材开发的研究和深入，教研组教师积累了比较多的实践经验。针对八年级科学"地球上的水"的相关章节，我们教研组开发了拓展性教材《水漾·菰城》（见图 5-17），用于综合实践活动的教学。该课程获 2017 年湖州市义务教育阶段综合实践活动整合课程评比三等奖。

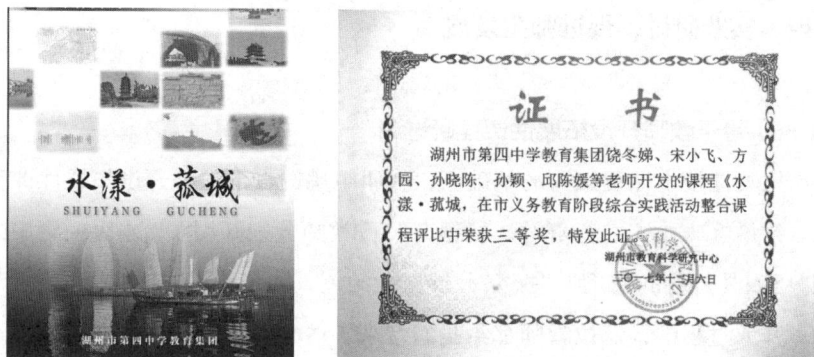

图 5-17 《水漾·菰城》教材封面及获奖证书

（三）参与省级拓展性教材的编写

经过多本校级拓展性教材的编写，教研组教师对于拓展性课程有了更深层次的理解，能准确把握课程的方向和重难点，教材内容更加贴近学生需求，可操作性更强。同时，教研组教师的课程开发能力也得到了专家的认可，教研组内杨银儿、许敏、孙晓陈、叶军等教师参与了省特级教师郑青岳老师主持的省级拓展性课程教材《科学实验活动》八年级下册的编写工作（见图 5-18）。

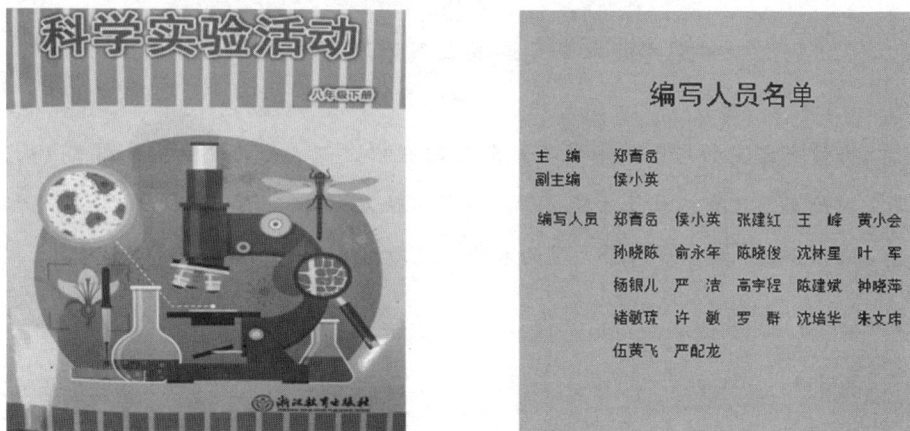

图 5-18 《科学实验活动》八年级下分册封面及编写人员名单

四、实践研讨，促进师生发展

（一）骨干教师开设拓展性课程研讨课

在拓展性校本课程编写的基础上，教研组挑选骨干教师开设拓展性课程研讨课。许敏、宋小飞、肖舒婷、杨银儿几位教师分别开设了"冰块融化中的科学""巧测马铃薯的密度""探究木条复燃的氧气浓度""自制烟花"等多节研讨课。开课过程中，每位教师都给我们带来了精心准备的拓展性研讨课，逐渐转变传统的教学模式，课堂组织能力增强。教师对于教学内容的选择、组织更加注重趣味性和新颖性，贯穿课堂的学生活动和重点任务研讨使课堂节奏有张有弛，也使内容更加通俗易懂，使学生兴趣盎然。教师也更加注重贴近学生实际，教学方法灵活多变，课堂上更加关注激发学生的学习兴趣，调动学生的积极性，教学评价更加全面客观，让学生不知不觉被吸引，在投入学习中形成良好的课堂氛围，提高拓展性课堂教学的效率。

案例 5-10

"探究使木条复燃的氧气浓度"教学设计

将带有火星的木条伸入装有纯氧气的瓶中时，木条能复燃（见图 5-19）。那么，是不是只有纯氧气才能使带火星的木条复燃呢？如果不是的话，氧气含量（体积分数）为多少时带火星的木条才能复燃呢？

图 5-19　木条复燃实验

1.活动目标

（1）通过实验探究能使带火星的木条复燃的氧气含量（体积分数）的最低值。

（2）学习转换法、半值法等科学方法。

2.器材清单（见图 5-20）

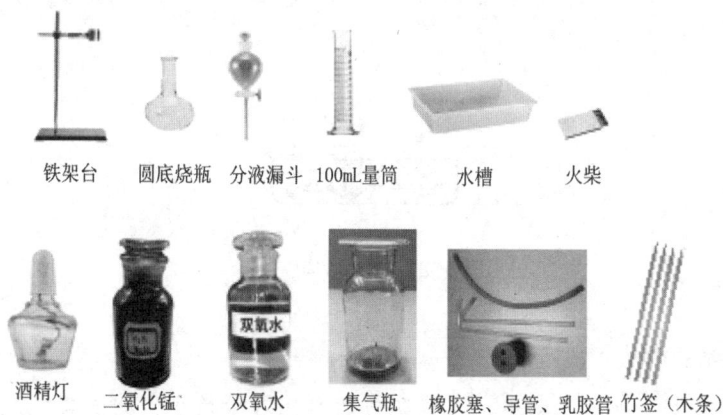

| 铁架台 | 圆底烧瓶 | 分液漏斗 | 100mL量筒 | 水槽 | 火柴 |

| 酒精灯 | 二氧化锰 | 双氧水 | 集气瓶 | 橡胶塞、导管、乳胶管 | 竹签（木条） |

图 5-20　实验器材及药品

3. 活动准备

（1）用半值法设置氧气的浓度

空气中氧气的含量约为20%，纯的氧气的含量为100%。显然，带火星的木条在空气中不会复燃，而在纯氧气中会复燃。为了尽快确定能使木条复燃的氧气含量为多少，我们采用半值法，即先取20%和100%的中间值60%进行实验，如果氧气含量为60%木条也能复燃，再取20%和60%的中间值40%进行实验；如果氧气含量为60%木条不能复燃，再取60%和100%的中间值80%进行实验。以此类推，直至获得能使木条复燃的氧气含量值。

（2）如何获得不同含量的氧气

我们采用排水法收集氧气，为了获得不同含量的氧气，而不是纯氧气，集气瓶集气前不能装满水，这使得集气前，瓶内已经装有一定体积的空气。那么，如果我们想获得氧气含量为 $a\%$ 的气体，瓶内应当装入体积为多少的水呢？

如图5-21所示，集气瓶中原有的水最终会被收集到的氧气替代，瓶子上方的空气中含有近20%的氧气，由此可列出关系式：

$$a\%V_{瓶}=20\%V_{空气}+100\%V_{水}，即 a\%V_{瓶}=20\%（V_{瓶}-V_{水}）+100\%V_{水}$$

由此可得 $V_{水}=\dfrac{（a\%-20\%）V_{瓶}}{80\%}$。

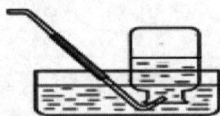

图5-21　气体收集装置

4. 活动步骤

（1）在集气瓶内装满水，再将瓶内的水倒入量筒中，测出集气瓶的容积 $V_{瓶}=$_____ 毫升（见图5-22）。

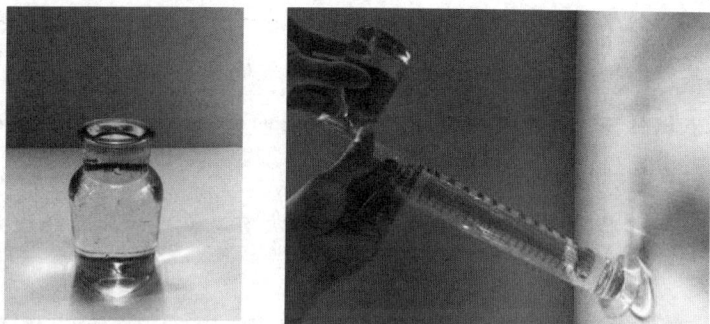

图 5-22　测量集气瓶容积方法

（2）将分液漏斗、橡胶塞和圆底烧瓶组装在一起，在右侧放置一个装有水的水槽，中间用乳胶管和导气管连接（见图 5-23）。

图 5-23　实验装置连接

（3）利用公式 $V_水 = \dfrac{(a\% - 20\%)\, V_瓶}{80\%}$ 计算氧气体积分数为 60% 时集气瓶内应装入的水体积并填入表 5-5 中。

（4）用量筒量取步骤 4 中计算出的水量，将水加入集气瓶，用玻璃片盖住瓶口，倒扣在装有水的水槽中。

（5）在圆底烧瓶中加入 0.5 克二氧化锰和 50 毫升水，在分液漏斗中加入 20 ~ 50 毫升的过氧化氢，转动分液漏斗的活塞，滴加过氧化氢，待装置中排净空气后，再收集氧气。

161

（6）利用排水法收集氧气，待瓶口出现第一个溢出的气泡后立即停止收集。将收集到氧气后的集气瓶静置在桌上，用玻璃片盖住瓶口。

（7）点燃竹签，再将火焰吹灭，将带火星的竹签伸入集气瓶，观察竹签能否复燃，把实验结果填入表5-5中。

（8）根据实验结果，用半值法确定第二次实验氧气的体积分数并填入表5-5中。

（9）根据确定的第二次实验氧气的体积分数，利用公式 $V_水 = \dfrac{(a\%-20\%)\,V_瓶}{80\%}$ 计算第二次实验收集氧气前集气瓶内应装入的水的体积，并

填入表5-5中。

（10）按照步骤6-7进行实验，观察木条是否复燃，把实验结果填入表5-5中。

（11）根据实验结果，再次用半值法确定第三次实验氧气的体积分数，并计算第三次实验收集氧气前集气瓶内应装入的水体积，把两个数据填入表5-5中。

（12）按照步骤6-7进行实验，观察木条是否复燃，把实验结果填入表5-5中。

（13）通过三次检测，确定能使木条复燃的气体的氧气体积分数范围。

表5-5　实验数据记录

次　数	氧气体积分数 /%	瓶内加水体积 / 毫升	能否使竹签复燃
第一次	60		
第二次			
第三次			

5.现象解释

在上述活动中，当氧气体积分数为60%时，木条能够复燃可见，能使木条复燃的氧气体积分数必定在20%至60%之间，用半值法可以确定第二次实验氧气的体积分数为40%。当氧气体积分数为40%时，木条不能够复燃。可见，能使木条复燃的氧气体积分数必定在40%至60%之间，用半值法可以确定第三次

实验氧气的体积分数为50%。当氧气的体积分数为50%时，木条能够复燃。可见，能使木条复燃的氧气的体积分数必定在40%至50%之间。每完成一次实验，氧气体积分数的范围就缩小一次，但要具体确定能使木条复燃的氧气体积分数，就要用半值法继续做下去。

6. 相关链接

（1）氧中毒

氧气是需氧型生物维持生命不可缺少的物质，但超过一定压力和时间的氧气吸入，对机体有害。大于0.05兆帕（半个大气压）的纯氧环境，对所有的细胞都有毒害作用，吸入时间过长，就可能发生"氧中毒"，肺部毛细管屏障会被破坏，严重影响呼吸功能，进而使各脏器缺氧而发生损害。在0.1兆帕（1个大气压）的纯氧环境中，会发生肺炎，最终呼吸衰竭、窒息而死。

（2）储存不同水果的最佳氧气体积分数

储存水果，对氧气的体积分数必须加以严格的控制。氧气的体积分数过高，水果的氧化过快，水果不容易保存。但在完全无氧条件下水果会产生酒精，影响口感，还会腐烂。储存几种常见水果的最佳氧气体积分数见表5-6。

表5-6　常见水果储存的最佳氧气体积分数

水　果	氧气体积分数
香　蕉	2% ~ 3%
苹　果	2% ~ 5%
草　莓	3%左右
李　子	1% ~ 3%

7. 发展空间

利用过氧化氢制取氧气，也会产生一些水蒸气，即进入集气瓶内的氧气实际上并非纯氧气。这一因素对实验的结果会造成什么影响？

（二）依托社团课，扎实开展拓展性课程课堂实践

在研讨课的基础上，教研组进一步推进拓展性课程有效实施的途径。因

此，教研组依托学校每星期的社团课，将《实验与探究》《探究与制作》两本拓展性教材带入科学实践社的课堂，巧妙设置情境，精心设计教学过程，让学生感受拓展性课程的魅力，课上生成性的问题也为教材的不断完善提供更多素材。拓展性课程的实施贯穿于整个学期，并制订了详细的授课计划，表 5-7 是初一年级上学期的社团课程安排。

表 5-7　2017 学年初一上学期社团课程安排

日　期	课程内容
10 月 18 日	1.1 测量实验课
10 月 25 日	1.2 哪个保温杯保温效果好
11 月 1 日	2.1 校园植物
11 月 15 日	2.2 叶脉书签的制作
11 月 22 日	2.3 观察鲫鱼
11 月 29 日	2.4 认识银杏
12 月 6 日	3.1 火山喷发模拟实验
12 月 20 日	3.2 测量马铃薯的密度
12 月 27 日	4.1 冰块熔化中的科学
1 月 10 日	4.2 纸锅烧饭
1 月 17 日	4.3 探究热水的冷却规律

拓展性课程的内容设置有别于常规的课本教材，更加强调趣味性，这大大激发了学生的好奇心和探究的欲望，也增强了学生对科学的兴趣。不论是自制葡萄酒这样的家庭活动，还是探究木条复燃的氧气浓度的实验室活动，都能使学生在"动手创作"中感受到探究的快乐。

拓展性课程更加重视学生的项目设计和实践能力。教学环节中教师应设置能让学生参与的任务，在给予适当的思路引导后，要求学生设计简单的活动步骤，完成活动任务。例如"检测空气污染"的拓展性活动，学生设计出非常多样的方案，很好地诠释了促进学生创新发展的内涵。伴随着拓展性课程地不断研究和开发，教研组教师更加关注课程的发展、关注学生的发展，课程开发能力也得到了较大的提高。

（三）各年级全面展开，推动拓展性课程全校推广

经过骨干教师开课研讨和社团活动的实践，不同类型拓展性课程的教学模式基本形成了。因此，从2017学年第二学期开始，教研组将拓展性课程的实施范围推广到全校七、八两个年级。在完成相应章节的学科教学之后，增加相关的拓展性课程。教研组在现有教材的基础上，不断挖掘课本素材，创设更生活化的情境，更有效地将书本知识应用于实际问题解决；进一步探索知识学习和动手实验相结合的高效教学手段。学期末各个备课组都推出了本学期拓展性课程的精品课，比如八年级备课组在八年级化学部分学习结束后，孙晓陈老师展示了"学会灭火，保护自身"的精品课。孙老师通过丰富的课堂活动调动学生学习的积极性和主动性，并通过自制灭火器，将课堂推到了高潮，最后联系生活利用可乐灭火，在活动中让学生自己感悟和理解灭火的原理。

在趣味盎然的学习氛围下，学生积极地完成每个拓展性活动，并在此过程中不断改进、创新。学校的科艺文体节以及每学期举行一次的拓展实验大赛，不仅见证了学生的智慧，而且加强了团队凝聚力。在"自制潜望镜""萝卜叠塔"等比赛过程中学生尽显才智。让学生动手、动脑相结合，是培养学生科学素养的良好途径。

拓展性课程的开展为学生的探究学习创造了可能，学生的创新思维还延伸到校外。纸船承重、牵引飞机、纸折飞机等项目的优秀作品都体现了学生的创新能力、制作能力以及小组合作探究的能力，在各级比赛中也取得了不错的成绩。叶梓航同学在2017年湖州市中小学生航模锦标赛中获得一等奖，沈佳磊等5位同学获得二等奖，吴泡人、王佶同学在吴兴区第十六届科技创新大赛中获一等奖。

案例 5-11

"学会灭火，保护自身"

1. 活动目标

（1）综合运用物质燃烧条件进行灭火。

（2）提高学生灭火自救能力。

2. 活动内容

第一环节：实验感知利用二氧化碳灭火。

【引入实验】

（1）将两支阶梯蜡烛放在大烧杯中央，并点燃；尽可能远离蜡烛，在烧杯底放鸡蛋壳并倒入食醋。观察蜡烛的熄灭情况，感知二氧化碳的密度比空气大，不支持燃烧。

（2）将一个大烧杯倒扣在点燃的两支阶梯蜡烛上，观察蜡烛熄灭情况。

学生：在相对封闭的空间里，火灾逃生时应该匍匐前进。

设计意图：第一环节为整节课的导入部分，在课堂上模拟真实场景，吸引学生的兴趣。学生从科学的角度进行思考，感受火灾的危险性，并且理解灭火的原理。

第二环节：制作简易灭火器。

教师：通过视频学习，我们知道灭火的方式有三种。在现实火灾中，人们会采取哪些方法来灭火呢？

引导学生了解一般不采用移除易燃物这种灭火方法。

教师：今天我们就利用降低温度和隔离空气的方法来灭火。生活中我们经常看到灭火的镜头，一般情况下，人们拿什么物质来降低易燃物的温度？(水或其他不支持燃烧的液体)

学生：老师，那么灭火器中的灭火物质是通过怎样的方法喷射到火苗上的？

教师：(根据学生的实际经验)是利用高压气体把灭火物质喷向火苗的。我们需要高压气体，气体怎么来呢？

【导出】

小苏打与白醋混合产生氧化碳气体。

观看实验视频：用吸滤瓶、食醋、小苏打、橡皮管等为材料制作酸碱灭火器。

【设计意图】

对于初中学生而言，不能只给他们做的步骤和顺序。通过学习化学知识的，学生对一些物质的性质已经有所了解，应让学生结合所学的知识尝试制作灭火器，并找到最佳解决方案。因此，该环节在互动的基础上达到提升学生科学素养的目的。

第三环节：燃起火盆，探究灭火效果（见图5-24）。

探究酸碱灭火器对不同火源的作用。利用制作的酸碱灭火器灭火，一组同学对燃烧的炭火盆进行灭火，一组同学对燃烧的一小盆油进行灭火。

教师：介绍不同的火源要用针对性的灭火措施。

【学生活动】

比较用沙子和湿毯将油盆火苗盖灭的过程，知道在家里最简单的灭火器材料是湿毯。

【教师活动】

探究酸碱灭火器喷洒部位对灭火效果的影响。燃起相同的炭火盆，用两个相同灭火器，一个对准火源的根部喷，一个对火焰喷，比较灭火效果。

【演示实验】

（利用可乐灭火）手持一瓶可乐，拧开瓶盖，捂住瓶口使劲摇晃后将喷溅而出的可乐泡沫对准火焰根部进行喷射，几秒钟后火势就被扑灭。

教师：介绍各类灭火器的使用方法及用途（二氧化碳灭火器、干粉灭火器、泡沫灭火器、推车灭火器等）。

图 5-24 "学会灭火,保护自身"精品课

【设计意图】

这一部分是整个教学环节的重难点。学生将自己设计制作的灭火器用于现实情境并深入探究,既锻炼了学生的探究能力,也开拓了学生的视野。

第三节　STEM："和趣"课程继往开来

STEM 教 育 源 于 美 国，是 科 学（science）、技 术(technology)、工 程（engineering）与数学(mathemetics ）的一个整合。STEM 强调多学科的交叉融合、项目化学习，以及解决问题，着重学生创新能力的培养，这也与近几年加强学生核心素养的培养不谋而合。实际上，STEM 课程的一大特点是各学科之间互相联系、彼此不可或缺的关系。跨学科将突破不同科目的界限，以问题解决为中心，利用不同学科的知识来解决实际问题，从多学科的视角切入，增强对问题的全面分析。这与"和趣科学"的理念不谋而合，真正体现了"和趣"。与之前的拓展性课程相比，STEM 课程更加强调项目式学习，综合化和系统化的知识能使学生进行更深入的研究，STEM 课程的实施方式更加开放灵活，学生的自主性得到更大的发展；STEM 课程更加注重创新和团队协作，更利于学生素养的培养，这也体现了 STEM 课程的优势。

吴兴区紧跟 STEM 发展趋势，开发具有区域特色的 STEM 项目形成项目群，打造 STEM 教师团队，孵化品牌化 STEM 实验学校，湖州四中就是其中之一。湖州四中在 STEM 教育方面不断探索，组建领导小组，并聘请专家指导团队，通过 STEM 工作坊推进"设计云霄飞车""设计航天器"两大课程的实施，同时，借助各年级各个学科的课堂教学、主题德育活动，以及校级课题等多种形式在全校范围内推广完善 STEM 课程。学校除了开设 STEM 项目外，还针对湖州四中的实际情况，率先探索 STEM 理念下的科学课，将初中科学的核心概念教学与 STEM 教育理念进行整合，在开发和实践过程中促进初中科学教学变革。教研组在原来实践的基础上将某些拓展性课例向 STEM 项目转型，这也是湖州四中和趣科学教研组独特的 STEM 教育发展之路。

一、组建团队，保障 STEM 教育实施

STEM 课程是集科学、技术、工程、数学各个学科为一体的综合性课程，课程的展开需要专业的团队。因此，湖州四中首先从人员配置上进行了改革，学校组建、科学组牵头专门成立了两个 STEM 专业小组（见图 5-25）——STEM 师师共同体。科学教研组还确定了教研组层面的 STEM 课程小组作为主要负责人，教研组教师以及其他学科的部分教师共同参与。

为了充实理论知识，STEM 课程小组的成员积极参加省市级的各项相关培训。多次的 STEM 教育课程培训加深了教师对 STEM 教育的认知，他们借助培训活动，丰富教育学识，更新教学方法，为进一步的课程开展提供了更为有力的师资保障。其间，湖州四中肖琪老师参加了 2019 浙江—印州 "STEM 课程平移" 活动。吴兴区教研中心开展了全区 STEM 教育教师培训活动。学校也在校本培训中增加了有关 STEM 内容的培训。经过多次的培训，老师们无论在教育理念、教学方法的认知方面，还是在教学管理、课堂设计、教学实践的体验方面，都有切实的收获和感悟，为 STEM 教育在学校的广泛开展奠定了良好的基础。

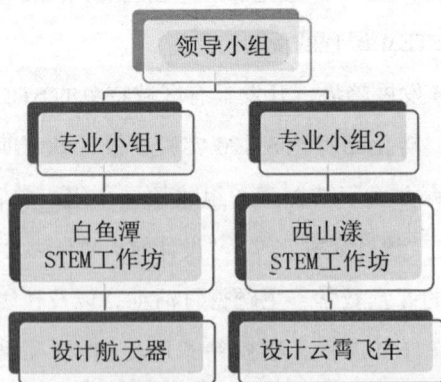

图 5-25　STEM 专业小组

二、项目开发，充实 STEM 课程内容

STEM 教育最大的特点之一就是情境性，以项目为载体，强调让学生获得将知识进行情景化应用的能力，要求教师设计符合学生特点的真实情境。这对于初步认识 STEM 的教师而言有一定难度，所以湖州四中采取与具有成熟教学经验的 STEM 公司合作的方式。2018 年，科学组借助学校从培生公司引入了"设计航天器"和"设计云霄飞车"两个 STEM 课程包（见图 5-26）。通过这两个课程的课程指导、实际实施（见表 5-8、表 5-9），教研组对 STEM 课程的实施有了更深一步的理解。

图 5-26 《设计航天器》《设计云霄飞车》教材封面

表 5-8 "设计云霄飞车"课时安排

	教学内容	课　时
项目导入	科普阅读：云霄飞车	1
	草图设计：体验设计师的日常	1
	小实验：吸管升空	1
项目实施	知识加油站：能量转换与能量守恒	1
	动手动脑：搭建坡道和第一个弯道	1
	小组交流：项目报告	1
	评估与重新设计	1
	再设计，绘制轨道草图	1

续表

	教学内容	课　时
项目实施	搭建云霄飞车坡道与弯道模型	1
	搭建云霄飞车回环模型	1
项目评估	组内组间评估	1
项目拓展	技术专区：云霄飞车的安全全性	1

表5-9　"设计航天器"课时安排

教　学	教学内容	课　时
项目导入	科普阅读：空间探索	1
	小实验"制作水火箭"	2.5
	数学练习：单位的换算	0.5
项目实施	知识加油站：火箭技术	1
	绘制航天器草图	1
	制作航天器模型	2
	测试航天器	1
项目评估	组内组间评估	1
	完善航天器	1
项目拓展	保温材料	1
	光学工程师	1

案例 5-12

"制作空间探测车"教学片段

1. 以小组为单位进行探测车的运行测试

2. 让探测车通过目标地形，发现问题并改进

记录思考：这一次探测车试运行之后，你是否发现探测车在试运行的过程中存在问题？（车轮不稳、无法通过目标地形、没有前进的动力等）

【思考】

可能的原因。

【设计意图】

学生完成探测车的制作，试运行探测车是他们迫切想做的事情。这时安排学生自主发射满足了他们的心理需求。出于各种原因，学生会发现探测车存在运行不稳等现象，能够激发学生进一步自主探究的强烈愿望。

【提问】

测试过程中出现的这些问题，可能是什么原因造成的呢？如何改进？

学生回答后再重新设计（见图5-27）或完善制作（见图5-28），再重新测试。

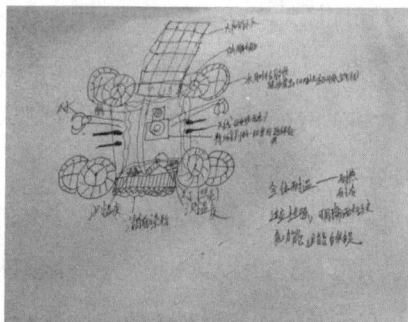

图5-27　探测车设计

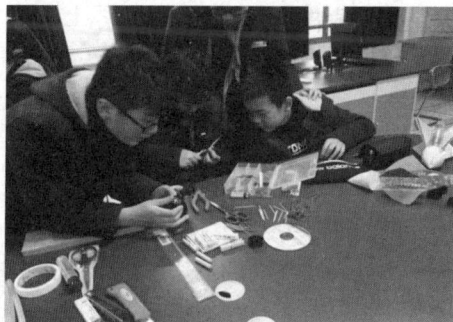

图5-28　探测车运行测试

3.成果交流

第二步进行的探测车测试是组内测试，根据出现的问题做相应的改进。在此基础上再进行组间交流，向其他小组展示成果，并接受其他小组的指正，做进一步的修正。

【设计意图】

在STEM项目中，评价始终贯穿其中。不论是组内评价还是组间评价，还是学生与学生之间的评价或学生与教师之间的评价，总能推动项目更顺利地进行下去，且评价人和被评价人都能从中获得启发。

4.项目报告

以演讲和画报的形式，向其他小组进行报告和展示，内容包括成员及分工、作品描述、制作过程、优点与缺点、遇到的问题、解决方案、学习心得等。

项目实施过程通过学校公众号分享。

STEM 教育的理念最重要的是"以设计和探索为目的，并对技术问题的解决进行科学的自主探索"，这与我们教研组的教学理念"和""趣"相吻合。随着对 STEM 研究的深入，我们不再满足于已有项目的学习和实施，而是把重心转向结合湖州四中校情以及学生的学情，自主研究 STEM 项目，开发具有"和""趣"特色的 STEM 校本课程。

2020 年春节，新型冠状病毒肺炎疫情迅速蔓延至全国。教研组选取最受学生、家长关注的复学之后校园安全问题，开发了"负压隔离房"以及"人体测温安全'门'"两大课程的，并在线上讲授（课时安排详见表 5-10、表 5-11）。

项目实施过程中，学生经历"发现问题—体验设计—动手实践—修正完善—形成模型"的工程技术流程。在学习过程中，学生对疫情的防治有了深入的认识，同时深化学生自主解决问题的能力。作为 STEM 教育核心践行者，教师在课程开发与实施过程中，学会了对社会资源进行更大范围的整合和共享，尝试着转变教师角色，改革传统教学方式；学会将 STEM 教育融入教学，为学生提供自主探索的机会，让他们了解学科间的联系与交叉，领悟知识的价值。

表 5-10 "人体测温安全'门'"课时安排

章　节	课程名称	课时数
主题一 课程导入	人体测量安全"门"发展史	1
主题二 知识准备	模型分析影响安全"门"通过效率的因素	1
	测量人体温度的仪器并知道其原理	1
	安全"门"的功能和基本结构	1
主题三 安全门设计	设计出安全"门"的简单电路图	1
主题四 模型制作	安全"门"模型制作	2

表 5-11　"负压隔离房"课时安排

章　节	课程名称	课时数
主题一 认识隔离房	介绍负压隔离房 思考生命教育	1
主题二 科学探秘	探究负压的科学原理	0.5
	探究空气过滤原理	0.5
主题三 人文设计	设计隔离房并绘制草图	1
主题四 模型制作	3D 模型制作	2
	负压隔离房模型制作	2

案例 5-13

"设计负压隔离室"线上教学片段

1. 创设情境，激趣导入

（1）当有发热症状的人员进入隔离房后，周围的人真的安全了吗？还有哪些潜在危险？

（2）提出任务：呼吸道疾病可通过空传播，所以单把有症状的人员隔离是不够的，还需要隔离空气，防止被污染的气体逸散。同学们，我们要设计的是空气隔离的可实施方案。

（3）小组电话会议：你会采取什么方法防止隔离房中的空气随意逸散？

2. 知识加油站：影响气压大小的因素

（1）同学们提出了将隔离房密封、空气净化等想法，但有一个核心问题尚待解决：密闭的隔离房怎么实现空气的更新与流动？

（2）改变室内的气压，使室内气压小于室外气压，可实现空气的更新。这样的气压状态被称为"负压"，负压指低于常压（即常说的一个大气压）的气体压力状态。

（3）日常生活中存在负压吗？请举例说说生活中的负压现象，并用生活中的材料演示负压现象。

（4）可改变哪些因素以改变气压的大小，实现负压？

3. 完善设计，加盟空气净化系统

（1）同学们，你们觉得隔离房除了需要负压功能外，还需要哪些功能？同学们想法很多，那你们怎么实现空气的过滤与净化呢？

（2）查阅资料：查阅空气净化系统相关资料。

4. 动手动脑：画出负压隔离房的设计图

根据设计方案，画出负压隔离房的设计图（见图5-29）以及所需材料，并用简单的文字描述设计原因（可选择三视图的一个角度绘制设计图，并标注好合适的尺寸）。

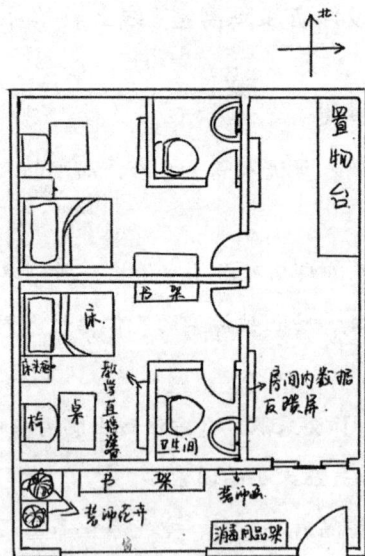

图 5-29　负压隔离房设计图

三、融入课堂，探索 STEM 之路

在前期探索实践的基础上，科学教研组以"7～9 年级科学课程"为载体，将初中科学核心概念与 STEM 理念进行有效的融合。对教材内容进行梳理，最终确定了三种类型的课例：一是新课课例，即以单节新课为基点进行教学设计，用于新概念的建构与学习；二是单元课例，即以一个章节的内容为载体进行教学设计，主要用于单元复习；三是主题课例，即通过一个主题进行与主题相关的科学知识的应用。

案例 5-14

在八年级上册"滑动变阻器"的新课教学中，学生体验了"我是小小工程师"这一活动。针对台灯能调节亮度这一情景提出问题和任务：为什么调节开关，台灯的亮度会发生改变呢？能设计一个可以调节灯的明暗的电路吗？根据逆向设计原理，通过设计让学生自己制作滑动变阻器，从而了解滑动变阻器的工作原理，实现在"做中学"。

教研组经过梳理，挑选了六册书中适合进行探究教学、合作教学以及能结合工程技术的内容，确定了 36 节新课课例内容、18 个单元教学课例内容以及 8 个主题教学课例内容（见图 5-30）。

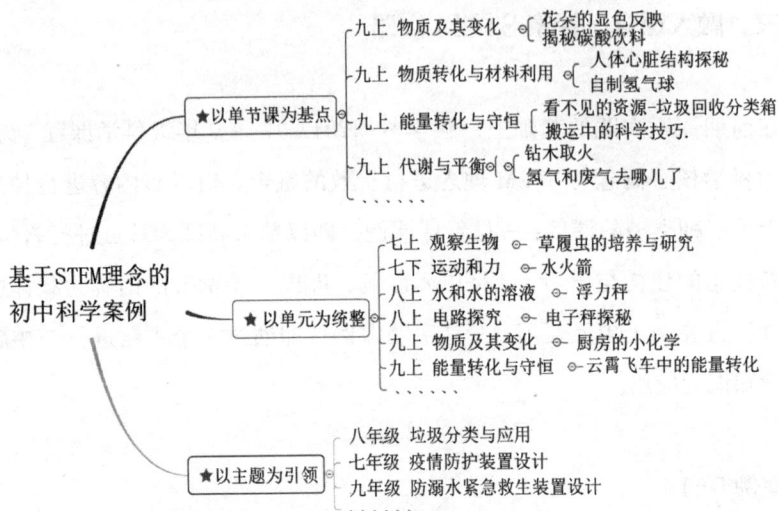

图 5-30　课例内容

教研组的教师把握 STEM 理念来创新科学课堂，突出 STEM 理念下的初中科学教学是解决真实问题的过程，阅读、分析、解释提炼出表征问题，再分解、简化、抽象建立模型，最后演算、推导、推理解决问题。最终，形成了 STEM 理念下的科学课堂的三种模式：基于问题的教学、基于设计的教学、基于项目的教学。

基于问题的教学，需要注意核心问题的真实性、问题的启发性等，教学设计可用图 5-31 表述。

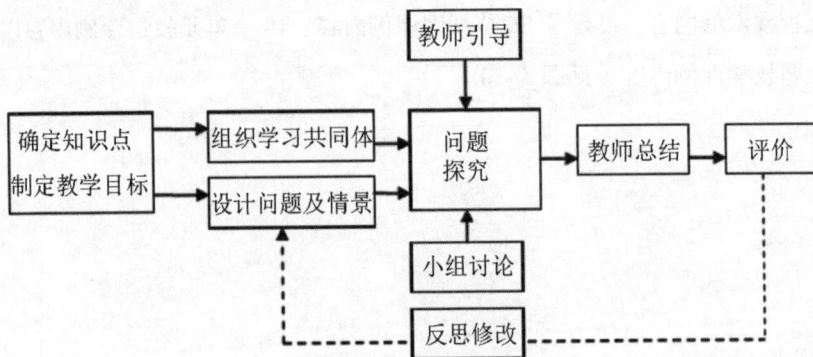

图 5-31　基于问题的教学设计流程

案例 5-15

在溶解度的教学过程中，教师设计的第一个问题为："学校附近的洗衣店里最近送来了几百件化工厂的工作服，工作服上沾了 $NaCl$、$CuSO_4$、NH_4NO_3、润滑油、碘等不同污渍，假如你是洗衣店的工作人员，你怎么清洗这批工作服？"问题和情景都很真实，容易让学习者产生探究欲望。在接下来的教学过程中，教师通过"这批工作服上用水洗不去的碘、润滑油等污渍，通过什么方法洗呢？""大家看到了什么现象？""究竟什么是溶液？"等问题所涉及的实验一步步让学生建构物质溶解的概念，从而达到教学效果。

基于设计的教学是重思维的过程，与科学探究的过程不谋而合，通过团队合作进行按方案的设计、评价与完善。整个教学过程注重分析与推理，主要通过画图和形成设计方案等完成学习过程。

案例 5-16

在"心脏结构探秘"的案例中，结合工程技术设计思维，先让学生独立画出自己理解的人体血液流动的情况，教师补充绘出雏形，通过小组合作进一步解决心脏的问题，逐步构建出瓣膜和心脏两路的模型。在设计的过程中展示动物心脏结构的演变，体现了结构与功能相适应的科学大概念。

基于项目的教学强调以学生主动学习为主，将学习与更大的任务或项目挂钩，使学习者将所学的知识应用于项目设计，设置真实的任务，通过学习者自主探究和合作来完成项目，培养解决问题的技能和自主学习的能力。

案例 5-17

在八年级"浮力秤"案例学习中，学生动手制作浮力秤，从设计原理到设计图，从模型制作到视频分享，再到成果创新，学生在这个过程中体验设计与制作。在浮力秤的制作过程中，学生发现浮力秤的制作重点在于解决秤的稳定性和刻度的清晰性。作品完成后，教师引导学生进一步反思，学生提出了多个针对浮力秤刻度精准性的优化方案。

STEM 理念下的科学课堂模式能否提升教学效果，能否有效培养学生的创新精神与实践能力，都需要在课堂中加以实践检验。因此科学教研组全体教师参与了多次省级培训，组内教师在各级培训中开设了多节 STEM 公开课（见图 5-32）。

图 5-32　科学组教师 STEM 公开课

案例 5-18

"神奇的开关"教学设计
——八年级电学复习课
（第 91 届"三江名师"初中科学经典优质课展示）

1.教学设计思想

本节课以"干簧管的应用"为指导思想，从水位报警器出发，以"设计干簧管水位报警器"为线索，构建系统的知识体系。本节课中主要落实"探究的方法、迁移的能力、创新的意识"的思想。基于很多学生知识和方法的迁移能力较弱的现状，选择干簧管为新的载体，促进学生将其与自己已有的知识（电磁继电器、电路设计）与经验相联系。本节课的重点也是难点——水位报警装置的设计，就是在挖掘学生脑海中潜藏的"电磁继电器"电路，让他们学会这种电路的迁移，能用新的自动开关——干簧管来替代，实现相同的功能。

学生亲自体验了制作水位报警器，将创意转化为实际作品，提升了实验操作能力，并在操作中体会到科学原理与工程技术之间还存在着一定的差距。

2.教学领域

科学、技术、工程。

3.建议年级

八年级复习。

4.建议时长

1 小时。

5.教学器材准备

学生分组实验（7 套）：牛奶盒台灯、干簧管两个（常开式干簧管、转接型干簧管）、电路板（含干簧管一个、红绿灯二极管各一个、开关一个、电池组一组）、导线一捆、钕磁铁、浮筒（内含磁铁）、大量筒、自来水一大瓶。

6. 教学目标

（1）知识与技能。①能联系所学的电学知识，绘制设计电路图。②了解并掌握干簧管的原理和应用。③通过电磁继电器的知识迁移，完成干簧管水位报警器的设计。

（2）过程与方法。①体会观察和实验是科学学习的两种基本方法。②通过一步步的探究与设计，落实科学探究方法，提升探究能力。③通过动手实践电路的连接，提升实际操作能力。

（3）情感、态度、价值观。①通过视频和介绍，体会科学就在我们身边，增强科学探索意识。②通过在发现问题的过程中不断改进和完善设计，发散思维，培养创新意识。

7. 教学重难点

（1）教学重点。①干簧管的认识与应用。②干簧管水位报警器的设计。③干簧管在生活中的应用。

（2）教学难点。干簧管水位报警器的设计。

8. 教学任务分析

"神奇的开关"是浙教版《科学》教材八年级下册第一章后的复习课，借助干簧管这样一个新的载体对电路的探秘、分析以及设计进行复习。本节课综合性较强，要求学生自我完成知识的回顾，包括电路设计与绘制和电磁继电器、滑轮的应用等；并在探索中贯穿新的知识——干簧管的应用，利用干簧管完成常见的水位报警器的电路设计，并根据自己的电路设计完成实际电路的连接。最后以干簧管为创意的触发点，联系生活应用，引发思考。

9. 教学流程

教学流程共分 4 个环节（见图 5-33）。

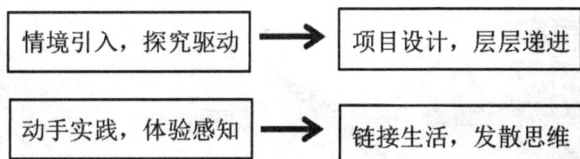

图 5-33　教学流程设计

10. 教学过程

（1）情景引入，探究驱动。

师：同学们，今天老师给你们带来了一个礼物———一个牛奶盒。这不是普通的牛奶盒哦，而是一个台灯。同学们，现在可以随意玩一玩，让这个台灯发光。

①玩一玩：使台灯亮起来。向外拉吸管，台灯从不亮到亮。②猜一猜：台灯亮起来的原理。

生 1：可能里面有一个磁铁，往外拉时切割了磁感线，使得电流通过。

师：同学们，你们是否认同这位同学的想法？

生 2：如果是切割磁感线，那只有在往外拉的过程中才能产生感应电流。但是牛奶盒拉出后静止不动仍能发光。

生 3：可能里面有一个开关，拉动时启动了开关。

③拆一拆：感应部分在哪？

师：通过观察，请猜测可能是哪个部分在起作用？

④利用放大镜观察结构（见图 5-34）并描述。

生：有两个金属片。

师：请结合结构猜测，该结构与磁铁有什么关系？

生：拉动时，可能在磁铁的作用下，两个金属片可以接触在一起。

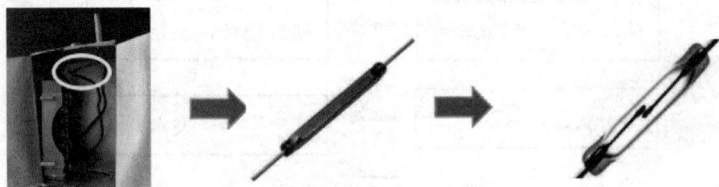

图 5-34　观察台灯结构的流程

【设计意图】

牛奶盒台灯的探秘，不仅能够激发学生学习和探究的欲望，也能让学生回忆电学知识，激活脑海中的电学基础知识。同时，一步步揭秘的过程，也是科学探究方法落实的过程。学生逐步验证自己的猜测，进行观察和分析（举例），其实是对科学探究能力的培养。

师：其实这个小小的结构就是干簧管，我们可以再来了解一下它的结构。

（播放视频）干簧管的结构和原理介绍。

师：其实干簧管就是一个开关，它和我们常用的开关有什么不同？

生：开关需要人为控制，干簧管只需要周围有磁场，利用磁场来控制。

师：将人力控制转化为磁力控制，实现生活中的自动化。干簧管虽小，但具有很多优点：体积小，结构简单，反应快，寿命长……1964年由美国贝尔电话实验室发明，并申请了专利。

【设计意图】

视频介绍，加深学生对干簧管的认识；干簧管与普通开关的对比，让学生意识到干簧管实现自动化的特点；贝尔发明专利的事例，触发学生自己动手设计和创造的兴趣，从而引出下一环节——水位报警器项目设计环节。

（2）项目设计，层层递进。

师：干簧管在我们生活中发挥着很大的作用。比如：水位报警器就利用了干簧管；在台风洪水天气，利用水位报警器可实现对水位的远程控制。

①体验小小工程师。利用干簧管制作水位报警装置，绘制设计图。

提问：设计水位报警装置，需要哪些电路元件？

电源、导线、电灯、电铃。

②绘制水位报警装置电路设计图。

a. 学生任务单：设计水位报警装置（画出电路图和相关结构）。

b. 小组展示并评价。

板书：提炼设计的核心思想。

水位变化 → 干簧管或磁铁的位置变化 → 控制干簧管的工作状态。

师：老师发现你们设计的水位报警装置有一点小小的不足——无法知道电路是否处于工作状态，装置万一发生问题，一直无法报警。

师：如何解决这个问题？

生：可以再装一个灯，比如正常工作时绿灯亮，报警时红灯亮。

师：利用现在的干簧管能否实现这个设想？借助新的干簧管，利用放大镜观察。

③利用（转接型）干簧管（见图5-35）开关制作水位报警装置。

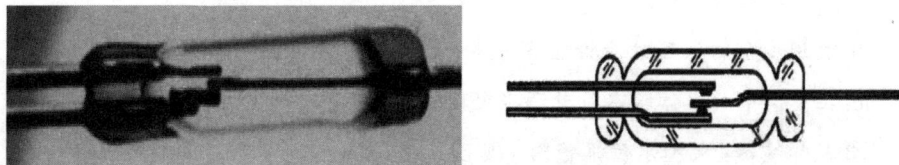

图5-35　转接型干簧管

实现目标：报警器要求水位不超过警戒线时绿灯发光，水位到达警戒值时，绿灯灭，红灯亮。

④设计图（改进版）画在任务单上。

a. 学生任务单：根据要求改进水位报警装置。

b. 学生展示并评价

【设计意图】

水位报警器电路的设计，通过挖掘学生脑海中潜藏的"电磁继电器"电路，让他们学会这种电路的迁移，能用新的自动开关——干簧管来替代，实现相同的功能。一步步地引导学生，从简单电路到复杂电路，促使他们在发现问题的过程中不断改进和完善自己的设计，在完善中发散思维，培养创新意识。

（3）动手实践，体验感知。

①根据设计图（见图5-36）纸制作水位报警器。

②小组活动：

a. 完成电路的连接；

b. 利用多余的钕磁铁检验电路（举手示意）；

c. 在量筒中加水体验水位升高报警。

③教师演示：大型水位报警器（见图5-36）。

师：老师演示的水位报警器与你的设计原理有什么不同？

生：利用定滑轮，改变力的方向，使得浮筒能竖直在水中。

设计意图：实验的目的在于，不仅让学生学会纸上设计，还让他们根据电路图进行实物图的连接，并体验制作水位报警器的过程。在体验中，学生体会到科学原理与工程技术之间还存在着一定的差距。设计一种新的产品，仅仅纸上谈兵是远远不够的。

师：其实生活中还有一些水位报警器确实利用了电磁继电器，试着比较这两种装置的异同点。

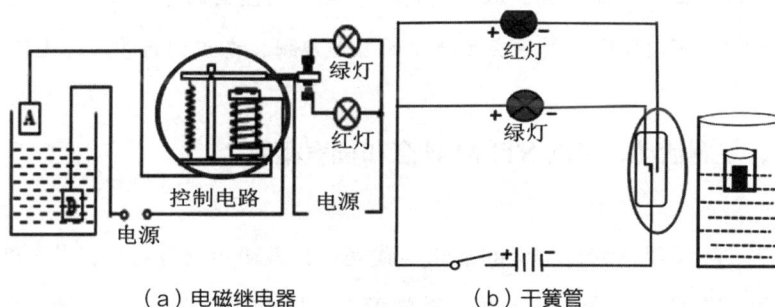

（a）电磁继电器　　　　　　（b）干簧管

图 5-36　水位报警器结构示意

生 1：干簧管水位报警器更小、更方便。

生 2：电磁继电器水位报警器可以实现低电压弱电流控制高电压强电流，从而实现远程控制。

师：两种装置各有优点，在不同情况下各有应用。

【设计意图】

比较电磁继电器电路和干簧管继电器电路，由此让学生回顾电磁继电器的相关知识，并体会到各自适用的范围（举例），没有最好，只有最适合。

（4）链接生活，发散思维。

师：其实生活中，小小的干簧管还有很大的作用。你们知道有哪些应用吗？

（举例：笔记本电脑合上盖子后待机，打开盖子后屏幕又亮起来）你们有没有别的想法？

生：自行车计数器、商店顾客感应器……

（视频播放）商店顾客感应器。

师：其实这些生活中的应用都源于最简单的电路设计，将电路中的小灯泡改成不同的电路元件，就会有不同的用途。同学们可以利用下发的干簧管设计出一种创意产品。

设计意图：展现生活中干簧管的应用，让学生感受到科学知识在生活中的应用，增强他们学习的内在动力。同时，引导学生学会在原有设计的基础上稍作改变，设计出一种新产品，从而实现对学生创新能力的培养以及创新意识的引导，让学生深刻体会干簧管在生活中的普遍应用，意识到科学改变生活。

四、主题活动，推动 STEM 理念和德育相融合

基于 STEM 理念的科学课的不断实践完善，教研组又开始尝试将 STEM 理念和德育相融合。改变传统的德育教学模式，以"项目设计"为引领，提高学生的课堂参与度和积极性，将德育教育融入项目设计，润物无声，并借助学校的年级主题活动开展。2019 年在初三年级"千里之行始于一课——垃圾分类始于我心"的主题活动中，孙晓陈老师开设了一堂"特别"的科学课。在这节课中，孙晓陈老师以"垃圾分类"为载体，着力体现以下三大融合：德智融合，发挥学科育人价值，提升学生核心素养；学科融合，体现当下热点 STEM 理念，发展学生实践创新能力；家校融合，家长师生共学共成长，培养学生的责任担当意识。这节课拉开了教研组将 STEM 理念和德育相融合的探索序幕，我们将进一步实践更优化更有效的方式。

案例 5-20

让垃圾分类成为一种习惯
——九年级科学"垃圾分类"一课中渗透德育教育

1. 案例背景

垃圾分类是当前社会的热点问题,然而在实际的推行过程中却遇到重重困难,"不愿分""不会分"成为问题的关键点。学校是教育的主阵地,"垃圾分类"也渐渐成为一门德育课程,从幼儿园到小学再到中学,全面铺开。然而,教育要触动学生的心灵必须符合学生的认知,对于初中生而言,垃圾分类的教育又该如何落实呢?能否在学科教学中得到渗透呢?本案例提供了一种全新的尝试,用科学知识解释垃圾分类,深入理解垃圾分类的科学依据,做到精准分类,并利用 STEM 理念进行垃圾分拣装置的设计,组织项目式学习,让学生在设计、计算和工程制作等过程中慢慢体会到垃圾分类最有效的措施便是"从源头做起",习惯垃圾分类。

2. 案例框架(见图 5-37)

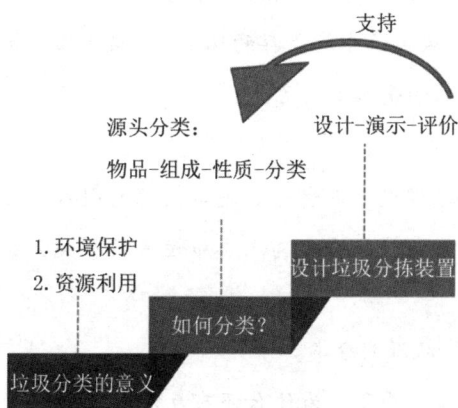

图 5-37 "垃圾分类"案例框架

本节课一共分为三个环节：第一环节的主题为垃圾分类的意义，让学生从环境保护和资源利用的角度理解垃圾分类的意义。第二环节是垃圾分类的方式。这里的分类是源头分类，让学生从源头上体会到垃圾分类的科学依据，即垃圾的组成决定了垃圾的分类，且要根据组成物质的性质进行分类。这是学科知识指引下的德育教育的渗透。第三环节是利用科学的原理进行工程设计的环节，即根据一封垃圾回收站的求助信，设计一套处理"其他垃圾"的二次分拣装置。经历"学生利用已学的科学知识进行工程设计，教师根据学生的设计图展示模型，视频播放国内最先进的分拣装置，计算成本和垃圾处理量"等过程，最终让学生评价，从垃圾后期处理成本高、效率低等缺点回到第二环节提出的问题，得出结论：最好的垃圾分类便是从源头做起，从家庭做起，在思维的碰撞中让德育教育达到最高层次的渗透。

3. 案例流程

（1）第一环节：垃圾分类"迫在眉睫"。

引入：（出示报道）湖州市于2014年开始启动生活垃圾分类试点工作。但是网上评论各异，有人赞成有人反对。你赞成垃圾分类吗？并说出理由。

生：赞成分类。主要从两个方面考虑：一是垃圾对环境的污染，二是资源利用（主要是从经济效应和能量流通的角度）。

（观看视频）垃圾影响生物生存的环境：污染土壤、水体、海洋生物……垃圾不分类，最终影响的是人类自己。

【设计意图】

第一环节为整节课的导入部分。现实问题的引入，使学生从科学的角度进行思考，让学生意识到垃圾分类与人类命运直接相关，树立垃圾分类迫在眉睫的意识。

（2）第二环节：从源头分类。

师：垃圾分类如此重要，为什么还有反对的呼声？看一下网友的评论（见图5-38）。

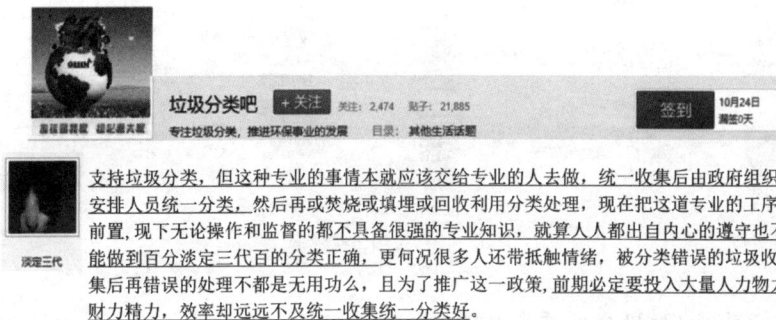

图 5-38　网友对"垃圾分类"的评论

生：反对的呼声主要针对的是提高生活垃圾分类的效率，提高垃圾分类的效果。

师：同学们认为生活垃圾究竟是源头分类好还是集中分类比较好？

（学生各持己见）

师：我们来看一下两种分类方法。先看一下源头怎么分。【出示四个垃圾桶模型（见图5-39），并让同学们阅读"常见的垃圾分类"】

可回收物　　易腐垃圾　　有害垃圾　　其他垃圾

图 5-39　垃圾桶模型

（布置任务）给以下"宝贝"找到合适的家。（西药药片、中药药渣、碱性电池、铅酸蓄电池）（见图5-40）

191

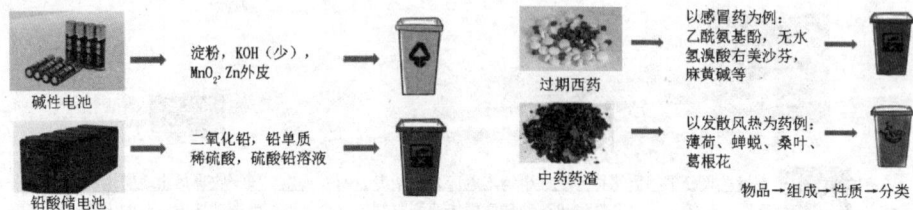

图 5-40　垃圾分类示意

教师总结：垃圾分类首先要确定物品的组成，根据组成的物质的性质进行分类，组成成分中含有有毒物质就归为"有毒垃圾"。因此，我们的科学知识在垃圾分类过程中发挥着重要的作用。有时候，相似的物品由于组成不一样应被放在不一样的垃圾桶之中。

【设计意图】

初中学生需要对垃圾分类做深入思考，教师对他们的教育不能停留在表面。初三的学生已经具备分类的思想，通过学习化学知识学习，对一些物质的性质也有一定了解，可结合所学的知识对一些难以区分的垃圾进行精准分类，落实物质分类在实际生活中的应用。垃圾分类落实困难，是一项社会问题，初中教学不能回避此问题，必须让学生在分析比较后找到最佳解决方案，用所学的科学知识合理地分析，最终确定从"源头上分"还是"集中处理"。因此，该环节在高度辩证的基础上深度落实德育教育。

（3）第三环节：集中处理。

师：我们的小区往往没有四个垃圾桶，而只有两个垃圾桶：一是厨余垃圾，二是其他垃圾。厨余垃圾会集中处理，其他垃圾被送到垃圾处理厂之后会怎么处理呢？

（出示情景）垃圾处理中心的公开求助信（见图5-41）。

> 广大市民：
>
> 　　在大家的积极响应与配合下，我市垃圾分类工作取得了很大进展。但是目前垃圾分类处理中心每天要处理的垃圾量巨大，人手严重不足！为了增加垃圾二次分拣的效率企盼市民们帮助我们设计一种能进一步分拣混装垃圾的装置。
>
> 　　　　　　　　　　　　　　　　　　湖州市垃圾分类处理中心

图5-41　垃圾处理中心的公开求助信

【任务设置】

对于常见的生活混装垃圾（主要含有餐巾纸、塑料袋、玻璃瓶、铁皮盖、尘土、烟头）等进行分拣。请根据所学的科学知识设计一套分拣装置，并阐述其中的原理。小组合作完成图纸设计（见图5-42）。

（学生设计图纸展示）

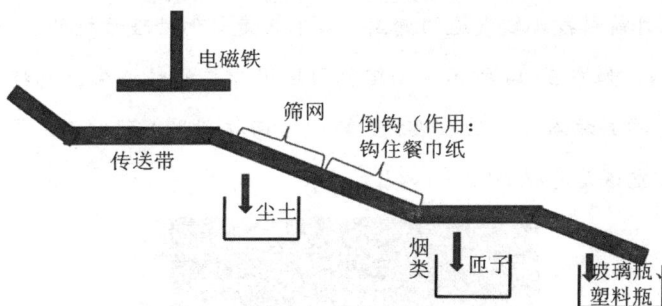

图5-42　分拣装置设计

学生：用电磁铁吸引铁皮罐，用筛网去除灰尘，用倒钩钩出餐巾纸，利用浮力分拣玻璃瓶和塑料瓶……

（教师出示自制分拣装置模型，如图5-43所示，并用纸屑、铁钉、玻璃碎片、塑料等进行模拟实验）

图 5-43　垃圾分拣模拟装置

（视频）浙江省自动化全品类垃圾分拣技术。

教师：同学们的设计现在已经转化成产品？我们是不是要将这套装置推向全国，推向全世界？

教师：同学们知道这台机器的成本多少吗？（700 万美元）。想知道它每天处理的垃圾量为多少吗？（200 吨）。

学生：通过计算，得出垃圾处理的代价太大。

教师：看目前科技比较发达的德国、日本又是如何处理垃圾的。（出示德国的街头垃圾桶，如图 5-44 所示。介绍德国垃圾分类的精细化，包括衣物、塑料瓶都是洗干净再放入相应的垃圾桶，以便于回收利用）同学们，最好的垃圾分类方式你们觉得是怎样的？

图 5-44　德国街头垃圾桶

学生：源头分类。

教师总结：让垃圾分类成为一种习惯。

【设计意图】

这一部分是整个教学环节的重难点，是 STEM 理念下的科学课的设计。利用项目化学习让学生利用已学的初中科学知识，如电与磁、浮力、惯性等，进行混装垃圾分拣装置的设计，将工程、技术融入科学教学，并结合数学计算进行成本的预算。设计和预算形成的强烈反差，让学生在体验喜悦之后陷入困局，垃圾集中分类处理成本高，代价太大，而本节课的德育最高目标也在此时得以升华。让学生深刻体会到最好的办法就是：让垃圾分类成为一种习惯。

五、升级转型，探索 STEM 教育新"启"点

湖州四中积极探索 STEM 理念下的教学模式，将 STEM 理念融入"和合共生"校园文化，完善了"和合共生"的课程体系；利用学校大型活动和网络媒体，加大 STEM 理念在教师、学生和家长层面的宣传；通过课堂教学、年级活动、校级课题等形式，全校推广完善 STEM 课程的实施，并在 2019 年被评为湖州市 STEM 理念联盟示范学校。

在学校的支持和大力推动下，科学教研组在积极实践 STEM 理念下的科学课堂，并取得了非常不错的成绩。到目前，科学教研组联合区级科学团队力量，形成了三种类型的科学课例（新课课例、单元整合课例、主题课例）共 50 余节，这些课例都是经过课堂检验过的优秀案例。教研组的多名教师在省、市级 STEM 案例、教学设计比赛中获奖：宋小飞老师在浙江省"体现 STEM 教育理念"教学设计赛中获三等奖；孙晓陈、吕灿琳老师在湖州市首届教师 STEM 技能比赛中获一等奖；杨银儿、俞鑫老师在湖州市 STEM 项目设计案例评比中获二等奖；许敏老师的论文《实践 STEM 教育理念 革新科学课堂教学》获市一等奖；饶冬娣老师负责的课题"基于 STEM 理念的初中科学课例开发与实践"获区一等奖，课题"基于社团活动的 STEM 课例开发与实践研究"获区三等奖，论文《从

"拓展性课程"走向"STEM"》获得区一等奖。越来越多的教师将 STEM 理念融入科学教学，STEM 教育已经在学科教师队伍中萌芽并茁壮成长。

2020 年新型冠状病毒肺炎疫情暴发，让 STEM 教育的模式从线下转为线上，这样的转变也让 STEM 教育的发展出现了新的"启"点，从原来重点培养学生的科学创新能力、工程应用能力以及测量计算能力几方面向更加关注"生命教育""人工智能""人文精神"三方面倾斜。因此，科学教研组今后将继续探索融合这些方面的新的 STEM 教育模式，使学生适应未来社会的发展。

变革和创新是科学教研组的特点，也是教研组发展的原动力。从最初的学科活动转型到拓展性课程案例编写、课程开发，再到 STEM 教育的不断尝试，每一次改革，我们都在汲取养分，不断拓新。不忘教育初心，踏实走好每一步，科学教研组将在未来的日子里直面新的挑战，创造新的成绩。